MÉMOIRE

POUR PIERRE DE BARBOT DE PLAINE-
SELVE, ancien Officier d'Infanterie ; & JEAN-
BAPTISTE DE BARBOT DE LARCIS , son
frere, ancien Garde du Corps du Roi, Ecuyers.

CONTRE M. l'Inspecteur Général du Domaine de la Couronne.

ET les prétendus Syndic , Habitans & Communautés de Saint-Martin de Mazerac , dépendant
de la Ville de Saint-Emilion , en Guyenne.

LES sieurs de Barbot sont nobles d'ex-
traction ; il n'est même pas possible
de donner à leur noblesse , aucune
origine connue : elle est de celles qui
se perdent dans la nuit des tems. Semblable

A

aux meilleures Maisons du Royaume, celle des fieurs de Barbot, pour preuve la plus fûre qu'elle eft d'une extraction noble, préfente l'impoffibilité de la faire. Il y a encore cela de bien avantageux pour eux, que leurs ennemis, ceux-là même qui s'acharnent le plus à combattre leur état, ne trouvent point de fource roturiere d'où ils ofent les faire fortir.

Comment après cela ces ennemis ont-ils pu faire un problème d'une telle nobleffe? Comment ont-ils pu fe flater de faire defcendre les fieurs de Barbot du rang diftingué où la naiffanceles a placés, dans la claffe de ces citoyens eftimables d'ailleurs, mais qui vivent dans l'état de roture? Ce que la raifon ne conçoit pas, la paffion aifément le tente. Les fieurs de Barbot font loin de penfer que fi la religion de M. l'Infpecteur Général du Domaine n'eut pas été furprife par les autres Adverfaires qui figurent dans l'Inftance, il eut employé fon miniftere à leur faire effuyer les vexations outrageantes & ruineufes qu'ils éprouvent aujourd'hui.

F A I T.

Il régnoit un abus intolérable en Guyenne. Des perfonnes opulentes profitant du pouvoir que leur donnoient leurs richeffes, fe faifoient difpenfer du paiement de la taille, & faifoient retomber le poids de cette impofition publique fur les autres contribuables , dont la timidité & la foibleffe ne leur permettoient pas de fe plaindre.

La Cour des Aydes de Bordeaux, informée de ces abus, fe hâta d'y porter remede. Non moins attentive à préferver les malheureux, de toute injuftice , qu'à conferver les droits des Privilé-giés , elle crut devoir faire un nouveau Régle-ment : ce fut le 27 Juillet 1754 qu'il fût publié.

L'article premier porte, que ceux qui fe pré-tendent Nobles , foit qu'ils aient été impofés à la taille , foit qu'on les ait inférés dans les ta-bleaux des Collecteurs, au nombre de ceux qui font fujets à la collecte , faute d'avoir fait la remife & repréfentation de leurs titres de no-bleffe, en exécution des Réglemens de cette Cour , feront tenus d'y donner leur Requête, & d'y joindre les piéces juftificatives d'icelle.

Il eft dit dans l'article fecond, que la Requête fera appointée (répondue) d'un foit montré au Procureur Général, auquel le prétendu Noble fera paffer les titres joints à fa Requête.

L'article 3 porte, que fur le vu de cette Re-quête , le Procureur Général requerera que le prétendu Noble fera tenu d'articuler avec lui fes faits de généalogie & de nobleffe, & de faire preuve d'iceux, tant par titres que par témoins, fauf au Procureur Général & aux habitans du lieu où le prétendu Noble auroit été cottifé, ou inféré fur le tableau des Collecteurs, à faire preuve contraire , fi bon leur femble , dans les délais qui feront fixés par la Cour. Cet article ajoute que les faits de généalogie & de nobleffe, la Requête & les piéces , feront fignifiés aux habitans de la Ville , Jurifdiction ou Paroiffe qui auront fait les rôles ou tableaux , pour y répondre ce que bon leur femblera , & il fera rendu un Arrêt en conformité.

La Cour des Aydes ordonne par l'article 4 , que la Requête, les piéces y jointes , & les faits de généalogie & de nobleffe, avec l'Arrêt, feront fignifiés aux habitans, à la requête du prétendu Noble , en la forme prefcrite par les Edits, Déclarations & Arrêts de Réglemens de la Cour, fans néanmoins que les habitans puiffent être affignés.

Dès que cette fignification aura été faite aux habitans , ils feront tenus , felon l'article 5 , de s'affembler dans les formes ordinaires , afin de délibérer fur les conclufions de la Requête.

Après cela , dans le délai de quinzaine , à compter du jour de la fignification, le Syndic, ou le principal Collecteur , eft tenu , fuivant l'article 6, d'envoyer au Procureur Général , la réponfe des habitans , avec les piéces juftificatives d'icelle , & de la faire fignifier au prétendu Noble , ou de lui faire un acte par lequel les habitans déclareront qu'ils n'ont rien à répondre.

Et ce délai expiré , dit l'article 7 , la procédure fera continuée avec le Procureur Général ,

fans préjudice néanmoins aux habitans en général, ou aucuns d'iceux en particulier, d'intervenir dans l'Inftance, fi bon leur femble.

Il n'eft guères poffible d'imaginer un Réglement plus fage, plus méthodique, & dont l'obfervation réponde mieux au but que la Cour
des Aydes s'étoit propofé, & qui eft annoncé
dans le préambule, d'éviter, autant qu'il feroit
poffible, les frais; & cependant, de rendre au
nombre des contribuables, ceux qui, fous prétexte d'une fauffe nobleffe, voudroient fe fouf-
traire aux charges du peuple.

Le fieur de Barbot de Larcis étoit allé s'établir dans la ville de Saint-Emilion, d'où dépend
Saint-Martin de Mazerac. Le fieur de Barbot
de Plainefelve, fon frere, demeuroit à Coutras.
Ils étoient inconteftablement reconnus pour
Gentilshommes dans l'une & l'autre Ville,
comme dans toute la Province. Ils apprirent
néanmoins qu'il y avoit à Coutras, des gens
mal intentionnés qui fe propofoient de les troubler dans la jouiffance de leurs priviléges de
Nobles, & même qu'on avoit déja exécuté ce
projet à Saint-Emilion, en impofant le fieur
de Barbot de Larcis, à la taille de 1760.

C'étoit la premiere fois qu'on s'étoit permis
cette entreprife. Les fieurs de Barbot imaginerent
que cela venoit de ce qu'ils n'avoient pas encore fatisfait aux Arrêts de Réglemens, & de
ce qu'en conféquence ils n'avoient pas repré-

fenté leurs titres de Nobleffe. Cela les détermina à fuivre la voie qui leur étoit indiquée par l'Arrêt de la Cour des Aydes , dont on vient de rappeller les difpofitions ; en cela , ils ne faifoient que marcher fur les traces de tous les autres Nobles de la Province.

Ils préfenterent donc une Requête le 13 Décembre 1760 , à ce Tribunal ; ils y demanderent acte du rapport qu'ils faifoient conformément aux Arrêts de Réglemens, de leurs titres de nobleffe ; & qu'il fût ordonné qu'ils continueroient de jouir de la qualités de Nobles & d'Ecuyers , à eux tranfmife par leurs auteurs , ainfi qu'il étoit juftifié par les titres qu'ils rapportoient, comme ils en avoient joui , & jouiffoient actuellement ; qu'il fût fait inhibitions & défenfes à toutes perfonnes , & aux habitans des Paroiffes où ils habitoient , & pourroient habiter par la fuite , de les y troubler , fous telle peine que de droit.

C'étoit remplir à la lettre , le premier article de Réglement du 27 Juillet 1754 ; & l'on ne voit rien dans cette Requête, qui tendit à folliciter de la Cour des Aydes , un Arrêt d'anobliffement, tel que les Adverfaires ont prétendu qu'elle en avoit rendu un en faveur des fieurs de Barbot. Ils ne demandoient autre chofe qu'un Arrêt déclaratif de leur nobleffe qui exiftoit , & dont ils rapportoient les titres.

La Cour des Aydes répondit cette Rêquête

d'un foit montré au Procureur Général, comme il avoit été arrêté par l'article 2 du Réglement.

Ce Magiftrat donna fes Conclufions le même jour, & la Cour des Aydes rendit le 16 du même mois, un Arrêt dont il eft néceffaire de faire connoître les difpofitions.

Faifant droit fur les Conclufions du Procureur Général ; l'Arrêt ordonne qu'avant de ftatuer fur la Requête des fieurs de Barbot, ils articuleront avec ce Magiftrat, leurs faits de généalogie & de nobleffe, fauf au miniftere public, & aux habitans de Saint-Emilion & de Coutras, où les fieurs de Barbot faifoient leur réfidence, à faire la preuve contraire, fi bon leur fembloit, dans le délai de quinzaine ; il eft ordonné en conféquence, que les faits de généalogie & de nobleffe, la Requête & les pieces y jointes, feroient fignifiées en la forme prefcrite par les Edits, Déclarations & Arrêts de Réglemens, aux habitans des Villes de Saint-Emilion & de Coutras, pour y répondre ce que bon leur fembleroit.

Les fieurs de Barbot obtinrent fur cet Arrêt, deux paréatis en la Chancellerie de la Cour des Aydes de Bordeaux, l'un le 19 Décembre 1760, & l'autre le 24 Février fuivant ; ils firent fignifier l'Arrêt, la Requête & les titres, fçavoir, le fieur Barbot de Plainefelve, le 25 Décembre 1760, aux habitans du Bourg, Paroiffe & Communauté de Coutras, dans la perfonne de leur

Procureur Syndic ; & le sieur de Barbot de Larcis aux habitans de la Ville , Communauté &
Jurisdiction de Saint Emilion.

Ces significations devoient naturellement renverser la ligue qui avoit été formée contre les
sieurs de Barbot. Les intérêts de quelques particuliers , surtout quand ils sont animés par de
mauvaises intentions , sont rarement adoptés par
des corps entiers : c'est ce qui arriva. Les habitans de Coutras s'étant assemblés , ainsi que
ceux de Saint Emilion , reconnurent de bonne
foi , quoique très-intéressés à contester la noblesse
des sieurs de Barbot , qu'elle étoit incontestable;
& ils délibererent à la vue des titres justifi-
catif , qu'ils n'entendoient nullement leur dis-
puter les qualités de Nobles & d'Ecuyers.

Cette délibération ayant été signifiée aux
sieurs de Barbot, ils présenterent une nouvelle
Requête à la Cour des Aydes , qui fût répondue d'un soit signifié au Procureur Général. Elle
lui fut en effet signifiée le 8 Janvier 1761. Il y
avoit eu un Rapporteur nommé la veille : le 13
M. le Procureur Général s'expliqua par un dire ,
dans lequel il déclara que la noblesse des sieurs
de Barbot, étant bien établie & constatée , par
les titres & les actes qu'ils rapportoient , il n'em-
pêchoit que leurs conclusions leur fussent
adjugées.

D'après la procédure ainsi observée, la Cour
des Aydes rendit le 21 Février 1761 , un Arrêt

rêt que les habitans de Mazerac ofent attaquer aujourd'hui; en voici le difpofitif.

» Dit a été, que la Cour faifant droit fur
» les Conclufions du Procureur Général du Roi,
» a ordonné & ordonne que lefdits de Barbot
» continueront de jouir de la qualité de No-
» bles & d'Ecuyers, ainfi & de la même ma-
» niere qu'ils en ont joui, & jouiffent actuel-
» lement : fait ladite Cour inhibitions & défen-
» fes à toutes perfonnes, & aux habitans des
» Paroifes où ils font & pourront faire dans la
» fuite leur domicile, de les y troubler à telle
» peine que de droit, & de tous dépens, dom-
» mages & intérêts; ordonne au furplus que
» ce préfent Arrêt, fera tranfcrit dans les ta-
» bleaux des Communautés de Coutras & de
» Saint-Emilion, dans lefquels lefdits de Bar-
» bot, feront mis dans la colonne des Nobles,
» exempts & privilégiés. »

On ne croira pas fans peine, que cet Arrêt qui n'eft comme on le voit, que déclaratif & confirmatif d'une Nobleffe prouvée, ait été regardé par les habitans de Mazerac, comme un anobliffement d'office, de la perfonne des fieurs de Barbot, & par conféquent comme un attentat à la fouveraine puiffance de nos Rois, à qui feul il appartient de conférer la Nobleffe.

Le fieur de Barbot de Larcis fit fignifier cet Arrêt aux habitans de Saint-Emilion : il fut exécuté : les Jurats de cette Ville, qui pour la premiere fois, avoient mis le fieur de Barbot de Larcis fur le rôle de tailles, s'empreſſerent de l'en ôter, & de le mettre dans la colonne des Nobles & privilégiés.

Il faifoit exploiter par le nommé Laveau fon Bordier, le Domaine de Larcis fitué dans l'étendue de Saint-Martin de Mazerac, qui fait partie de la Communauté de Saint-Emilion: mais réfolu de le faire valoir déformais par lui-même, & à fes propres frais; il crût devoir prendre les précautions d'ufage, & que les Loix exigent. Il fit le 28 Juin 1762, un acte au Greffe de l'Election de Bordeaux, par lequel il déclara qu'il entendoit faire cultiver à l'avenir par valet à gages, & gens de journées, fon *Bourdieu* ou Domaine de Larcis, fitué dans la Paroiffe de Saint-Martin de Mazerac; & fit fignifier cet acte aux Collecteurs de cette Paroiffe, le 29 Août fuivant.

Malgré la connoiffance de cet acte, les Collecteurs de 1763, excités par deux Notaires ennemis du fieur de Barbot de Larcis, oferent impofer fon valet à la taille, fous le titre de *Bordier ou prix-faiteur*, & le cottiferent en cette qualité à 37 liv. 18 fols, tant de taille que de capitation.

C'étoit à la fois braver les droits de la naiffance du fieur de Barbot de Larcis, l'Arrêt de la Cour des Aydes qui avoit conftaté fa Nobleffe, & l'acte qu'il avoit fait fignifier pour jouir des exemptions , qui en font une des principales prérogatives.

Il se vit forcé de traduire les collecteurs à l'Election de Guyenne ; il les y fit assigner le 20 Mars 1763 , pour voir casser la cottisattion dont il s'agit , comme faite en contravention aux Réglemens de la Cour des Aydes, & aux priviléges des Nobles.

Ce fut alors que la même cabale qui avoit suggeré aux Collecteurs de Saint-Emilion , en 1761 , l'idée d'imposer à la taille , le sieur de Barbot de Larcis , reprit de nouvelles forces. Le nommé Coste, Notaire, en étoit le chef. Il fit les plus grands effors pour déterminer tous les habitans à se liguer contre les sieurs de Barbot , mais il n'y put réussir ; il ne parvint à séduire que trente malheureux Paysans, au nombre desquels étoient les cinq Collecteurs. Jamais les autres habitans ne voulurent souscrire une délibération, que Ducarpe fabriqua le 30 Avril 1763 , par laquelle il fit donner pouvoir au nommé Boireau Syndic , de se présenter à l'Election ; d'y soutenir la cottisation jusqu'à Jugement définitif ; d'emprunter & de présenter Requête à M. l'Intendant, pour faire autoriser cette délibération.

Mais le Commissaire départi dans la Province , qui savoit que la Communauté de Saint-Emilion & de Mazerac , étoit composée de plus de trois mille habitans, & que dans ce nombre , il y en avoit une grande quantité de notables, & plus de cinq cents taillables, ne put voir, sans indignation, un acte qu'on lui préfentoit comme le vœu de tous. Il reconnut fans peine l'ouvrage de la paffion & de l'animofité ; il rejetta avec mépris la Requête que Boireau lui préfenta.

Un pareil échec auroit dû contenir la ligue : il ne fit que l'aigrir d'avantage. Boireau, excité par ceux qui le mettoient en mouvement, intervint de fon autorité privée, fans l'attache de M. l'Intendant, & contre fes défenfes, dans la conteftation pendante à l'Election, entre les fieurs de Barbot de Larcis & les Collecteurs ; prit leur fait & caufe, & eut la témérité d'attaquer la nobleffe des fieurs de Barbot, fous prétexte que l'Arrêt de la Cour des Aydes du 21 Février 1761, dont nous avons parlé, ne lui avoit pas été fignifié : d'après cela, il conclut à ce que la cottifation du domeftique du fieur de Barbot de Larcis, fût déclarée bonne & valable.

L'Arrêt de la Cour des Aydes étoit auffi connu de tous les habitans de la Ville de Saint-Emilion & de Saint-Martin de Mazerac, que la nobleffe du fieur de Barbot ; conféquemment l'ignorance prétendue de Boireau n'étoit pas excufable. Cependant le fieur de Barbot de Larcis lui fit fignifier cet Arrêt. La réflexion corrigea les écatrs de l'imprudence. Boireau, par une Requête du 16 Mai 1763, déclara expreffément, *qu'il reconnoiffoit le fieur Jean-Baptifte Barbot, pour Ecuyer, & qu'il n'entendoit nullement lui contefter fa nobleffe.*

Parlà tout sembloit devoir être terminé : mais Boireau qui ne pouvoit plus contester la cottisation par le prétexte qu'il avoit d'abord pris , & qu'il venoit d'abandonner, en soutint la validité par une autre chimere. Il prétendit qu'elle devoit subsister , parce qu'elle avoit été faite sur un homme qui étoit un taillable acquis au Roi , comme si tous les jours un homme qui a été assujetti à la taille , ne se dégageoit pas de cet impôt , par quelque franchise ou par quelqu'autre voie.

On pense bien que la singularité de ce système ne dût pas réussir. Aussi , l'Élection rendit-elle le 17 Mai 1763 , une Sentence qui cassa la cottistion , dans les termes qu'elle étoit conçue ; ordonna la restitution de ce qui avoit pû en être exigé ; fit défenses aux Collecteurs de Saint-Martin de Mazerac, de continuer cette cottisation, tant que le nommé Laveau seroit le valet du sieur de Barbot de Larcis.

La Sentence ordonna de plus , que le sieur de Barbot de Larcis affirmeroit que cet homme étoit à ses gages , & qu'il ne prennoit directement ni indirectement aucune portion dans les fruits du Domaine en question.

Elle réserva aux Collecteurs, la liberté de comprendre ce particulier dans leur rôle , tant à raison de ses biens propres & facultés personnelles, & par une cotte séparée , qu'à raison de sa qualité de valet du sieur de Barbot de Larcis.

Cette Sentence ne servit de leçon, ni à Boireau, ni à ceux qui le faisoient agir. Ducarpe, Notaire, & son confrere Coste, ramasserent de nouveau les mêmes paysans à qui ils avoient fait signer la Déclaration du 30 Avril 1763, & leur en firent signer une autre, par laquelle ils donnerent pouvoir à Boireau, d'interjetter appel de la Sentence de l'Election, d'attaquer la noblesse du sieur de Barbot, & de former opposition à l'Arrêt de la Cour des Aydes, du 21 Février 1761, qui l'avoit vérifiée.

Ici l'affaire devient un peu plus sérieuse. Boireau ainsi étayé, sans autorisation de M. l'Intendant, qu'il n'osa même plus consulter, quoique les Loix lui en fissent un devoir, se conforma au vœu de la faction; & les sieurs de Barbot se trouverent de nouveau troublés dans la possession de leur état.

Rien n'étoit plus mal réfléchi que cette opposition à l'Arrêt de la Cour des Aydes du 21 Février 1761. Cet Arrêt avoit été rendu en très-grande connoissance de cause; les habitans de Saint-Emilion & ceux de Saint-Martin de Mazerac, avoient déclaré de la maniere la plus précise, qu'ils n'entendoient point contester aux sieurs de Barbot, leur qualité d'Ecuyers : M. le Procureur Général de la Cour des Aydes, avoit vu, examiné & approfondi leurs titres de noblesse; elle lui avoit paru prouvée sans le plus léger nuage. Enfin, la Cour des Aydes, après un examen auffi fcrupuleux , avoit eu la même conviction ; la Communauté entiere & unie de Saint-Emilion & de Saint-Martin de Mazerac , avoit avoué & reconnu l'état des fieurs de Barbot : comment pouvoit-il dépendre de quelques turbulens , d'anéantir ce que leur Communauté avoit fait ?

D'ailleurs , Boireau avoit déclaré lui-même en jugement , qu'il ne conteftoit pas aux fieurs de Barbot , leur qualité de Gentilshommes : quel fuccès pouvoit-il donc efpérer , en formant oppofition à un Arrêt auffi authentique , & précédé & fuivi d'acquiefcements auffi formels ? Il eft évident qu'il étoit non-recevable à attaquer cet Arrêt. Les fieurs de Barbot firent valoir ce moyen. Boireau crût qu'il l'écarteroit en prenant des Lettres de récifion contre l'acquiefcement qu'il avoit donné. On voit par là ce que peut la chicane , excitée par la paffion. Ces Lettres de refcifion ne portoient que fur un prétexte qui dérivoit de la mauvaife foi. Boireau prétendoit qu'il n'avoit point donné de pouvoir à fon Procureur à l'Election , pour reconnoître que les fieurs de Barbot étoient nobles. Il falloit donc qu'il prît la voie du défavœu contre ce Procureur ; il n'ofa pas le faire : la fin de non-recevoir reftoit dans toute fa force.

Cependant le fieur de Barbot de Larcis , feul partie alors dans l'inftance , fe feroit reproché de s'en tenir à ce moyen de fin de non - recevoir ,

quoique victorieux. On attaquoit fa nobleffe ; c'é-
toit attaquer fon honneur ; il crût devoir fe garantir de l'atteinte qu'on ofoit y porter. Il remit
de nouveau fes titres fous les yeux de la Cour
des Aydes. Ses Adverfaires les examinerent ; ils
oferent même les critiquer.

Nous ne concevons pas comment les habitans
de Mazerac , par un effet de la contradiction la
plus choquante , ont hazardé depuis, que le fieur
de Barbot de Larcis redoutant l'événement du
procès fur le fond , avoit eu la prudence de fe
renfermer dans des fins de non-recevoir , & de
fe donner de garde de mettre au jour , fes prétendus titres ; que jamais ils n'avoient vus ces
titres , parce que jamais on n'avoit voulu les leur
communiquer ; que fur tout cela , ils avoient fujet de s'écrier à l'injuftice & à la véxation ! Cependant ils font convenus dans un autre endroit
de leurs écrits , qu'il leur avoit été fignifié de la
part du fieur de Barbot de Larcis , quarante-neuf
de fes titres ; qu'après la fignification de fa Requête du 24 Août 1764, les habitans de Mazerac firent prendre l'Inftance en communication.
Ils difent ailleurs , que tout s'eft reffenti dans
cette affaire, de la précipitation dont avoit befoin
le fieur de Barbot de Larcis ; qu'on ne leur a
donné ni le tems, ni le moyen de fe défendre ;
qu'ils n'ont pu fe procurer ces titres ; que la voie
du compulfoire leur a été interdite : & plus loin
on les entend fe plaindre des longueurs affectées

du

du fieur de Barbot de Larcis. Il ne preffoit donc point le Jugement ; & d'autant moins , que fes Adverfaires ont été forcés d'en porter leurs plaintes au Chef de la Juftice ; nous en avons les Mémoires. Ils conviennent auffi dans la même Requête qu'ils ont produit une foule de titres ; fans ceffe ils s'écrient que ce procès les ruine ; que les revenus de leur Communauté ne peuvent y fuffire , & qu'ils font chargés d'emprunts. Il difent vrai ; & c'eft ce qu'avoit fagement prévu M. l'Intendant , lorfqu'il refufa de les autorifer à foutenir un fi mauvais procès qui devoit fon origine & fon motif à l'humeur & à l'animofité.

Mais il réfulte toujours de ces aveux , que les habitans de Mazerac ont été fortement & valablement défendus , puifqu'il leur en a tant coûté pour leur défenfe ; que le compulfoire leur étoit inutile , puifqu'ils ont réuni des titres *en foule* ; que l'affaire a été très-inftruite , très-éclairée , & non pas précipitée , puifqu'on s'eft plaint des longueurs ; & qu'enfin la Cour des Aydes a rendu le 5 Septembre 1765 , en très-grande connoiffance de caufe , l'Arrêt qui a vengé le fieur de Barbot de Larcis , des outrages qu'on lui avoit faits. Voici les difpofitions de cet Arrêt.

« La Cour , fans s'arrêter aux Lettres de reftitution , prifes par ledit Guillaume Boireau , » foi-difant Syndic de la Paroiffe de Saint-Martin » de Mazerac , le 17 Août dernier , non plus qu'à » l'oppofition par lui formée , à l'Arrêt de la Cour

C

» du 21 Février 1761 , dans lesquelles elle l'a dé-
» déclaré non-recevable , a mis & met sur l'ap-
» pel interjetté par le dit Boireau, de l'appoin-
» tement (de la Sentence) des Elus de Guyenne,
» du 17 Mai 1763 , les Parties hors de Cour &
» de procès ; ordonne que ce dont est appel for-
» tira son plein & entier effet ; condamne ledit
» Boireau aux amendes par lui encourues , tant
» à raison de son appel, qu'à raison de son op-
» position : au surplus , a déclaré & déclare le
» présent Arrêt commun avec ledit Léonard Sirey,
» & ses consorts , Collecteurs de ladite Paroisse
» de Saint-Martin de Mazerac pour l'année 1763 ;
» condamne ledit Boireau, ledit Sirey & consorts
» aux dépens , chacun les concernants , envers
» le sieur Barbot ; moyennant ce , sur les plus
» amples conclusions des Parties , les a mis &
» met hors de Cour & de procès «.

Les dépens auxquels les habitans ligués de Saint-Martin de Mazerac , avoient été condamnés par cet Arrêt , formoient un objet essentiel pour le sieur de Barbot de Larcis : il en obtint un exé-cutoire ; mais il falloit que ses Adversaires dé-ployassent toutes les ressources de la chicane ; ils interjetterent appel de la taxe de dépens ; & il s'ensuivit tout naturellement un nouveau procès : le résultat n'en fut pas favorable à Boireau & aux Collecteurs ; la condamnation qu'ils éprouverent des dépens du nouvel incident , dût leur faire regretter d'avoir attaqué l'exécutoire.

Le sieur de Barbot de Larcis poursuivit ses Adversaires pour les forcer au paiement de ces dépens ; & il l'obtint : à les en croire, le sieur de Barbot n'a fait en cela, qu'un acte de tyrannie ; il les a jettés dans les plus grandes allarmes ; c'étoit plutôt une expédition militaire, qu'un acte de Justice. Outre que ces allégations sont exagérées à l'excès, c'est que le sieur de Barbot ne poursuivit le recouvrement de ses dépens que quinze ou 18 mois après l'Arrêt : ces habitans méritoient-ils qu'on leur fît grace ? D'ailleurs, une personne qui ne fait qu'exercer l'action que les Loix lui ouvrent, ne sçauroit être dans le cas d'aucun reproche ; *non videtur vim facere, qui jure suo utitur, & ordinariâ actione experitur :* leg. 155, ff. *de reg. jur.*

Les habitans de Mazerac ont entassé Requêtes sur Requêtes, pour demander au Conseil la cassation de cet Arrêt du 5 Septembre 1765, qui a maintenu le sieur de Barbot de Larcis dans son état de Noble. Tout a été mis en usage dans ces Requêtes ; l'infidélité, le mensonge, la calomnie, & les qualifications les plus odieuses ; les larmes même, bien assurés de leur efficacité sur le cœur du meilleur de tous les Rois ; les Adversaires ne les ont pas négligées

Le Conseil a d'abord ordonné que les Requêtes & les piéces seroient communiquées à l'Inspecteur du Domaine pour donner son avis.

A la vue de ces Piéces, l'Inspecteur a découvert que les habitans de S. Martin de Mazerac étoient non - recevables dans leur demande en caſſation : & il a conclu à ce qu'ils fuſſent déclarés tels par l'Arrêt à intervenir. Mais comme ces habitans avoient eu la mauvaiſe foi de joindre à leur production, de faux titres, pour tâcher de faire croire que les ſieurs de Barbot étoient de condition roturiere ; qu'ils avoient jetté la plus grande confuſion dans la généalogie de ces derniers ; qu'ils avoient attribué à la ligne directe, dans laquelle ſont les ſieurs de Barbot, des dérogeances qui ne ſe trouvent que dans la ligne collatérale, & qui ne les concerne point ; l'Inſpecteur ſéduit & trompé par ces fauſſes indications, s'eſt cru forcé d'interpoſer ſon miniſtere, & a conclu d'office, à ce qu'en déclarant les habitans de Saint - Martin de Mazerac non - recevables dans leur demande en caſſation, faiſant droit ſur ſon réquiſitoire, & ſans s'arrêter aux Arrêts de la Cour des Aydes de Guyenne, des 21 Février 1761 & 5 Septembre 1765, qui feroient caſſés & annullés, les ſieurs de Barbot fuſſent déclarés roturiers, compris aux rôles des Tailles pour raiſon des héritages qu'ils faiſoient valoir dans la paroiſſe de Saint-Martin de Mazerac & ailleurs ; que comme uſurpateurs de nobleſſe, ils fuſſent condamnés en telle amende qu'il plairoit au Roi ; & où ſon Conſeil feroit difficulté de lui adjuger dès-lors ſes Concluſions, qu'il fût ordonné que le Procureur Général de la Cour des Aydes feroit tenu d'envoyer à M. le Controlleur Général des Finances les motifs de ces deux Arrêts ; & que fa Requête fût communiquée aux fieurs de Barbot pour y répondre dans le délai du Réglement.

Il intervenu Arrêt le 20 Octobre 1770, par lequel le Confeil ayant égard aux Requêtes des habitans de Saint-Martin de Mazerac & à celle de l'Infpecteur Général du Domaine, a caffé les Arrêts de la Cour des Aydes, & tout ce qui s'en eft enfuivi, évoque les demandes & conteftations jugées par ces Arrêts, & pour y être fait droit, ordonne que les Parties procéderont au Confeil conformément à la Déclaration du Roi de 1729 ; & que le furplus de la Requête de l'Infpecteur Général du Domaine, fera communiquée au fieur de Barbot de Larcis, & au fieur de Barbot de Plainefelve fon frere, ainfi qu'aux Syndics & Communauté de la paroiffe de Saint-Martin de Mazerac, pour y fournir de réponfe dans le délai du Réglement ; & cependant ordonne que par provifion, les fieurs de Barbot feront impofés à la Taille en la maniere accoutumée.

Sous le prétexte de l'évocation au Confeil, prononcée par cet Arrêt, du fonds des conteftations, les habitans de Saint-Martin de Mazerac fe font hâtés de préfenter une Requête, & ont conclu fur ce fonds évoqué. Il eft intervenu un Arrêt le 28 Janvier 1771, qui a ordonné que la Requête feroit communiquée au fieur Barbot de Larcis, pour y répondre dans le délai du Réglement.

Ces deux Arrêts du Confeil ont été fignifiés aux fieurs de Barbot, les 17 & 18 Mars fuivant, foit à la requête de l'Infpecteur Général du Domaine, foit à celle des habitans.

A la nouvelle de cet Arrêt, toute la Province a femblé frappée du même coup. Elle a vu avec la plus vive douleur, qu'une famille à laquelle les meilleures Maifons du pays s'étoient toujours fait gloire d'appartenir, fe trouvoit tout-à-coup avilie. L'indignation publique n'en a fait que redoubler contre les auteurs d'une pareille furprife : & comme on y a préfenté le cri de la paffion la plus envenimée, pour celui des Loix enfreintes & violées, les fieurs de Barbot viennent aujourd'hui pour éclairer cette erreur, s'oppofer à l'Arrêt du Confeil, furpris fur Requête non communiquée ; faire voir que les habitans de Saint-Martin de Mazerac font non-recevables & mal fondés dans leur demande en caffation des Arrêts de la Cour des Aydes, & que l'Infpecteur Général du Domaine n'eft pas mieux fondé que ces habitans, dans la demande en caffation qu'il a formée de fon chef, de ces mêmes Arrêts.

Avant que de nous engager dans l'expofition des moyens, nous obferverons que s'il eft permis de réclamer fes droits, & de les défendre avec autant de liberté que de force, il ne l'est pas de diffamer & d'outrager gratuitement. Les Payfans de Mazerac ont eu le droit de combattre en Juftice contre les fieurs de Barbot, quoique Gentilshommes : mais ils n'ont jamais pu fe croire autorifés à les calomnier & à les injurier dans des écrits publics. C'eft ce qu'ils n'ont pas craint de faire dans un Mémoire imprimé qu'ils ont répandu avec le plus grand éclat dans toute la Province, avant même que les fieurs de Barbot fuffent qu'on eût déjà commencé à les noircir ainfi dans l'efprit des Magiftrats du Confeil. Les fieurs de Barbot demandent la fuppreffion de ce Mémoire.

Les Adverfaires ne s'en font pas tenus-là : voyant que les fieurs de Barbot fe difpofoient à fe rendre à la fuite du Confeil, pour former oppofition à l'Arrêt qu'on y avoit furpris contr'eux, ils ont eu la témérité de fe liguer, d'écrire & de figner enfemble, une lettre qu'ils ont adreffée au corps entier des Gardes-du-Corps de SA MAJESTE', dans lequel le fieur de Barbot de Larcis a eu l'honneur de fervir. On débite contre lui, dans cette Lettre, des injures atroces : on y fait les derniers efforts pour le couvrir de honte & d'opprobre : rien n'y eft négligé pour lui faire perdre la confidération & l'amitié que fa bonne conduite & l'attachement à fes devoirs lui ont généralement procurées. La Lettre a été remife au fieur Barbot de Larcis, par ceux même à qui elle a avoit été adreffée ; & révoltés d'un procédé auffi bas & auffi inique, ils n'ont fait que redoubler d'eftime & d'affection pour un ancien camarade dont les vertus leur étoient connues. Ce libelle fera produit fous les yeux des Magiftrats, pour leur fervir de preuve que la conteftation qu'on a fufcitée aux fieurs de Barbot fur leur état, n'a d'autre motif que la paffion & l'animofité. Ils laiffent à la prudence & à l'équité de leurs Juges, de prononcer les peines que tant de calomnies leur paroîtront avoir méritées.

M O Y E N S.

Nous diviferons ces moyens en trois parties. Dans la premiere nous juftifierons les faits dont les fieurs de Barbot ont fait ufage, ainfi que la Procédure à laquelle ces faits ont fervi de fondement : dans la feconde, nous établirons des fins de non-recevoir contre les habitans de Saint-Martin de Mazerac, & nous répondrons aux moyens de caffation par eux employés : dans la troifieme, nous préfenterons les preuves de la Nobleffe des fieurs de Barbot ; & avec ces preuves, nous écarterons les efforts qu'on a fait, tant de la part de l'Infpecteur Général du Domaine, que de celle des habitans de Saint-Martin de Mazerac, pour attaquer une Nobleffe auffi fenfiblement démontrée.

PREMIERE

PREMIERE PARTIE.

Justification des faits & de la procédure.

Les habitans de Saint-Martin de Mazerac reprochent aux sieurs de Barbot, de parler avec
trop d'assurance de leur noblesse. Il est permis
de parler ainsi quand on a la vérité pour garant
de ce qu'on dit. Cette assurance convenoit moins
aux Adversaires, lorsqu'ils ont allégué un fait
qui se trouve formellement démenti : les sieurs
de Barbot n'ont point été deux ans à se déterminer sur le parti qu'ils avoient à prendre au
sujet de l'Arrêt surpris à la religion du Conseil,
qui a cassé les Arrêts de la Cour des Aydes. Ils
n'ont fait signifier, il est vrai, leur Requête d'opposition, qu'au mois de Février 1772, mais l'Arrêt du Conseil ne leur avoit été signifié à eux-
mêmes qu'au mois de Mars 1771 : il n'y a donc
pas deux ans d'intervale : il n'y a pas même une
année.

Les Adversaires ne sont pas plus vrai, lorsqu'ils osent accuser au Conseil, comme ils
avoient fait à la Cour des Aydes, les sieurs de
Barbot, de précipitation. Ces Adversaires ont
employé neuf mois pour répondre à la Requête
de ces derniers : où est donc la précipitation ?

Ce qu'il y a de singulier, c'est que les habitans de
Mazerac *qui parlent avec tant d'assurance*, de la

D

prétendue roture des sieurs de Barbot, *& qui par conséquent n'auroient rien dû avoir de plus pressé* que d'attaquer l'Arrêt de la Cour des Aydes qui prononçoit des condamnations considérables contre eux, en maintenant les sieurs de Barbot dans leur état de Nobles, *ont eux-mêmes été près de cinq ans à se déterminer sur le parti qu'ils avoient à prendre :* ce n'est qu'au mois d'Octobre 1770, qu'ils ont surpris au Conseil, sur Requête non communiquée, un Arrêt qui casse celui de la Cour des Aydes, du 5 Septembre 1765. *Il a fallu aux Adversaires tout ce tems pour se préparer ; &, ce qui est révoltant,* c'est qu'ils ne craignent pas de crier, à la précipitation, & d'accuser le sieur de Barbot de ne vouloir pas leur laisser le tems d'instruire la religion du Conseil.

Nous passerons sous silence toutes ces petites expressions de *manœuvres, de concert, d'adresse, d'ambition, de prudence, d'usurpation,* &c. &c. &c. dont le style des Adversaires est rempli ; nous renvoyons à justifier les sieurs de Barbot de ces déclamations indécentes, au moment où nous ferons valoir les preuves qu'ils réunissent en faveur de leur état.

Ils ne feront pas plus de cas de la fausse imputation qui leur est faite, d'avoir *comploté de changer leur vrai nom de famille.* Ce n'est point une nouveauté de leur part de se faire appeler *de Barbot* ; presque tous les actes qu'ils ont produits, attestent que leurs ayeux leur ont donné l'e-

xemple d'une pareille dénomination ; & lorfque quelques-uns ont négligé de faire ufage de
la particule *de*, ils n'en ont pas moins pris en
même tems les qualités d'*Ecuyers*, de *Nobles*,
de *Meffires*, & de *Barons* : ces dénominations
honorables produifent bien autant d'effet que la
fimple particule *de*.

On a déjà vu dans le récit des faits, de quelle
maniere les fieurs de Barbot ont obtenu de la
Cour des Aydes de Guyenne, l'Arrêt du 21 Février 1761, par lequel il a été ordonné qu'ils
continueroient de jouir de leur qualités de *Nobles* & *d'Ecuyers*. Premiere ordonnance fur Requête portant un foit montré au Procureur Général : Communication faite de la Requête &
des Piéces à ce Magiftrat, qui requiert que les
fieurs de Barbot foient admis à prouver & articuler vis-à-vis de lui, leurs faits de généalogie
& de nobleffe, fauf à lui, & aux habitans des
villes de Saint-Emilion & de Coutras, à faire la
preuve contraire, qu'à cet effet, la Requête &
les Piéces foient fignifiées aux habitans de ces
deux Villes, où réfidoient les fieurs de Barbot :
Arrêt conforme à ce réquifitoire : fignification
du tout aux Syndics de l'une & de l'autre Communauté de Saint-Emilion & de Coutras : Af-
femblée & délibération de ces habitans qui dé-
clarent n'avoir aucun moyen de contefter aux
fieurs de Barbot, leurs qualités de *Nobles* &
d'*Ecuyers*, & qui leur notifient fous ces der-

D ij

nieres qualifications, les délibérations : Nouvelle Requête des fieurs de Barbot à la Cour des Aydes qui en ordonne le foit montré au Procureur Général : Communication faite à cette Partie publique, qui, fur le vu de toutes les Piéces, déclare que *n'étant pas poffible de contefler aux fieurs de Barbot, leur état, il n'empêche qu'ils n'obtiennent les Conclufions par lui prifes* : Nomination d'un Rapporter ; Rapport fait ; Arrêt qui adjuge les Conclufions ; & maintient les fieurs de Barbot dans leur nobleffe.

Voilà les formalités qu'ils ont été forcés de remplir. On en verra la néceffité & la fageffe, fi l'on fe donne la peine de lire les Réglemens de la Cour des Aydes, & fur-tout, celui du 27 Juillet 1754,

Cependant les Adverfaires qui ont l'art d'empoifonner les meilleures chofes, n'apperçoivent dans tout cela, qu'une entreprife préparée & ménagée avec foin ; enforte que felon eux, il a fallu gagner, pour ne pas dire corrompre, tout un Tribunal augufte & refpectable, & deux Communautés nombreufes, également intéreffées à défendre à la demande des fieurs de Barbot.

Les circonftances ne pouvoient pas être plus favorables, difent les habitans de Saint-Martin de Mazerac : le fieur de Barbot de Plainefelve ayant fuccédé à l'emploi de Receveur des Fermes de Coutras, dont avoit été pourvu fon pere, pouvoit être utile aux habitans de cette

Communauté, ou leur nuire; ils n'avoient d'ailleurs aucun intérêt à résister à sa prétention, parce qu'en sa qualité de Receveur, il ne pouvoit être imposé à la taille, dont l'article 11 du titre commun de l'Ordonnance de 1681, le déclare exempt. A l'égard des habitans de Saint-Emilion, le sieur Barbot de Larcis, ancien Garde du Roi, avoit des liaisons de parenté & d'amitié, avec les Maire & Jurats de cette Ville; & il ne lui étoit pas difficile de leur persuader qu'ils n'avoient point intérêt de lui contester la Noblesse, attendu que son intention étoit de transférer son domicile dans la Paroisse de Saint-Martin de Mazerac.

C'est ainsi que ces Adversaires cherchent inconsidérément à se faire moyen de tout: encore devroient-ils avoir la prudence de ne pas l'entreprendre aux dépens de la vérité, des principes & des Loix; c'est par les formes prescrites, & non par la terreur & l'effroi, que le sieur de Barbot de Pleineselve, a requis le témoignage des habitans de Coutras: il n'est à porté de leur faire ni bien ni mal; & la considération dont il jouit parmi eux, n'est due qu'à son rang, & à ses vertus sociales. Ces habitans n'étoient point sans intérêt, comme le prétendent les Adversaires, pour contester la Noblesse du sieur de Barbot; car sans cette noblesse, il eut été sujet à la taille: & c'est mal-à-propos, qu'ils ont avancé que l'Ordonnance des Fermes l'en a

exempté, à raifon de fa qualité de Receveur : l'article 11 du titre commun, cité par les Adverfaires, s'explique ainfi, « défendons à nos Of-
» ficiers des Elections & Greniers à fel, habitans
» des Villes & Paroiffes, Affeffeurs & Collec-
» teurs de les (les Fermiers, Commis & Rece-
» veurs des Fermes) comprendre dans les rôles,
» en cas qu'ils n'aient pas été impofés avant
» leurs Fermes & Commiffions, ni d'augmenter
» l'impofition qui a été faite de leurs perfon-
» nes auparavant; le tout, finon à proportion
» des immeubles qu'ils auront acquis depuis, ou
» en cas de trafic. »

Les Commis & Receveurs des Fermes ne font donc point exempts, aux termes de cette Ordonnance, de l'impofition à la taille; ils n'ont d'autre privilége, que de ne point être impofés, fi déjà ils ne l'avoient été avant leur Commiffion; ou de ne pouvoir être augmentés dans le cas contraire : mais ni dans l'un ni dans l'autre cas, ils ne font affranchis de l'impofition pour les acquifitions des immeubles, qu'ils feront depuis leur inftallation dans l'exercice des Fermes.

Or, depuis que le fieur de Barbot de Plainefelve, eft pourvu de l'emploi de Receveur des Fermes générales, il a acquis plufieurs héritages, notamment le Domaine & Maifon Noble de Montblanc. Son pere qui avoit exercé le même emploi, avoit auffi pendant fon exercice, fait plufieurs acquifitions au lieu de Goujonville ; cependant ni le pere ni le fils n'ont jamais été impofés à la taille, quoiqu'ils y euffent été fujets, comme on vient de le voir, fans le fecours de leur Nobleffe : c'eft pour cette raifon que l'un & l'autre, n'ont de tout tems été compris pour le paiement des dixieme & vingtieme, que dans le Rôle des Nobles de la Province.

Les Commis & Receveurs des Fermes générales, ne jouiffent d'aucun des autres privileges attribués aux Nobles. Ils ne fçauroient, comme les Gentilshommes, faire cultiver leurs Domaines jufqu'à la concurrence prefcrites par valet à gages, fans que ces valets pour raifon de ces fervices, puffent être mis à la taille, abftraction faite néanmoins de leurs autres facultés. Ils ne fçauroient exempter aucuns de leurs domeftiques, non pas même ceux dont ils auroient le plus befoin, de tirer au fort pour la milice, de contribuer aux corvées & aux ouvrages publics, dont les Commis eux-mêmes ne font pas perfonnellement exempts, à raifon de leur emploi. Cependant le fieur de Barbot de Pleinefelve, & fon pere, ont joui dans tous les tems de ces priviléges, quoiqu'exerçant l'emploi de Receveur : quelle en a put être la raifon ? On l'a puifée dans leur Nobleffe d'extraction, connue de toute la Province.

Quant au fieur de Barbot de Larcis, ancien Garde du Roi, les habitans de Saint - Emilion

n'avoient pas moins d'intérêt de contester sa Noblesse, quoiqu'il dût habiter dans la Paroisse de
Saint-Martin de Mazerac ; la raison en est que
cette Paroisse, & Saint-Emilion, ne font ensemble qu'un seul Corps, & une même Communauté, comme nous aurons occasion de le prouver dans la seconde partie de cet ouvrage ; que
d'ailleurs, il n'est presque point d'habitant de
Saint-Emilion, qui n'ait dans la Paroisse de Mazerac, la majeure partie de ses biens. Il n'en falloit pas davantage pour intéresser ces habitans
de Saint-Emilion, à scruter & à combattre la
noblesse du sieur de Barbot de Larcis ; & tout
le monde sçait combien cet intérêt est vif dans
le Bourgeois, par jalousie contre le Noble ; &
dans le Paysan, pour diminuer le fardeau de son
imposition personnelle.

On fait remarquer de la part des Adversaires,
que la délibération des habitans de Saint-Emilion, n'est signée que du Maire, des quatre Jurats & de deux habitans : ils veulent donner à entendre par-là, que l'assemblée s'est tenue clandestinement.

C'est au son de la cloche, & après avoir in-
vité ces habitans par billets, que les Officiers
Municipaux les ont convoqués, pour délibérer
sur la signification qui leur avoit été faite de la
Requête des sieurs de Barbot, de leurs pieces justificatives, & de l'Arrêt de la Cour des Aydes,
qui en avoit ordonné la communication. « Nous

Maire

» Maître & Jurats, porte cette délibération, en
» compagnie du Procureur du Roi, & autres
» Bourgeois invités par billets, & au son de
» la cloche, après avoir eu & pris communi-
» cation des extraits de généalogie du sieur Bar-
» bot, de l'Arrêt de la Cour des Aydes, &c ;
» avons délibéré, ne contester pas la noblesse
» du sieur Barbot, &c, »

L'assemblée des habitans de Coutras a été faite
avec autant de précaution & de publicité. Ces
habitans ont été convoqués au son du tambour,
un jour de fête & après la Messe de Paroisse,
selon l'usage ; & c'est dans de pareilles circonstances, qu'ils ont procédé à leur délibération.

On ne peut donc pas dire que ces délibérations aient été clandestines. Le témoignage
qu'ont porté ces deux Communautés, de la noblesse des sieurs de Barbot, n'est l'effet ni de la
surprise, ni d'aucun autre moyen reprochable ;
il n'est que l'expression de la vérité, d'autant
plus précieuse dans cette espece, qu'elle est sor-
tie de la bouche de personnes, évidemment in-
téressées à la combattre.

Il n'est pas étonnant qu'après avoir pris tant
de précautions, après avoir entendu deux fois
le Ministere public, après avoir pris lecture de
tous les titres des sieurs de Barbot, par les soins
d'un Rapporteur nommé, la Cour des Aydes se
soit déterminée à rendre son Arrêt, du 21 Février 1761, par lequel elle a ordonnné, que les

fieurs de Barbot continueroient de jouir de leur état de Nobles, & des priviléges attribués à la Nobleffe.

C'eft fans doute par préocupation, que le défenfeur des habitans de Saint-Martin de Mazerac a obfervé, que lors de cet Arrêt, on s'eft contenté de faire mention du confentement du Procureur Général, fans dire un feul mot des délibérations des habitans de Coutras & de Saint-Emilion ; ce qu'il regarde comme étrange, puifque le premier Arrêt du 17 Décembre 1760, avoit ordonné que les fieurs de Barbot articuleroient leurs faits de Nobleffe, tant avec ces habitans, qu'avec le Procureur Général : il fe propofe de revenir fur cette obfervation, dans un autre endroit de fon écrit.

Nous ne fçaurions imaginer qu'il ne s'en fût cru bien difpenfé, s'il avoit lu ce que nous allons extraire de l'Arrêt même, « vû, y eft-il dit,
» la fignification faite à Pierre Barbot l'un des
» Demandeurs, de la délibération des habitans
» de la ville de Coutras, par laquelle ils décla-
» rent ne lui point contefter fa qualité de No-
» ble, du 26 dudit mois de Décembre, fignée
» Villegente, Juge; d'Aubremont Syndic, & à
» la fignification, Pointet, Sergent Royal ; figni-
» fication de la délibération prife par les habi-
» tans de Saint-Emilion, le 31 dudit mois de
» Décembre, faite à Jean de Barbot, le premier
» Janvier fuivant, dans laquelle ils n'entendent

» lui difputer fa qualité d'Ecuyer. » D'après cela, fur quel fondement, autre qu'une méprife, pourroit-on prétendre que la Cour des Aydes n'ait pas fait mention dans fon Arrêt, des délibérations que cette Cour avoit elle-même ordonné par un précédent Arrêt, être prifes fur la matiere dont il s'agit, par les deux Communautés de Saint Emilion & de Coutras ?

Muni de cet Arrêt, le fieur de Barbot de Larcis avoit le droit de faire tomber l'impofition, qu'on ne lui avoit fait fupporter, que parce qu'il n'avoit pas, comme les autres Gentilshomme du pays, fait vérifier à la Cour des Aydes fes titres de Noblefle. Auffi, dés qu'il eût fait connoître fon Arrêt de maintenue aux habitans de Saint-Emilion ; les Jurats de cette Ville s'empreflerent de lui rendre juftice, de l'ôter de deflus le Rôle des tailles, & de le placer parmi les Nobles.

Il dût paroître après cela bien fingulier & bien contradictoire de la part de ces habitans, de les voir ofer mettre à la taille le nommé Laveau, qui fe trouvoit exempt de cette impofition, par fa qualité de valet du fieur de Barbot de Larcis : on fçait que c'eft un des principaux privileges du Noble, que de pouvoir exempter de l'impofition à la taille, les valets qu'il tient à fes gages. Il eft certain que, puifque le fieur de Barbot de Larcis avoit fait fignifier & déclarer comme on l'a vu, aux Collecteurs de Saint-Martin de Mazerac, dés le 29 Août 1763, qu'il entendoit faire valoir par lui-même, & par valets à ses gages, son Domaine de Larcis, conformément à la déclaration qu'il en avoit faite à l'Election, dés le 28 du mois de Juin précédent; ces Collecteurs ne devoient plus penser à asseoir aucune sorte de taille relativement à ce Domaine, & cette exemption devoit nécessairement avoir son effet, dès le mois de Janvier 1763.

Les Adversaires auroient-ils fait dériver leur prétexte, en imposant Laveau pour l'année 1763, de ce que les engagements qu'il avoit pris en qualité de valet à gages du sieur de Barbot, n'avoient été rédigés en acte public, qu'au mois de Janvier 1763? ce seroit une erreur bien sensible, parce que ce n'étoit pas de cet acte, que ce privilége du sieur de Barbot de Larcis devoit tirer son efficacité, mais uniquement de la déclaration qu'il avoit faite à l'Election, & de la dénonciation qu'en avoient eue les Collecteurs de Saint-Martin de Mazerac. A l'égard de l'acte passé avec son valet, le sieur de Barbot de Larcis n'en avoit besoin que pour obliger Laveau, à remplir les conventions dans lesquelles il étoit entré : on auroit pu faire cet acte sous signature privée, si Laveau avoit sçu écrire; on auroit pu même s'en passer, si le sieur de Barbot de Larcis, avoit voulu s'en rapporter à la bonne foi de ce valet, sur l'exécution de ses engagemens; & dans tous ces cas, le sieur de Barbot n'en auroit pas moins joui de son privilége.

Par leur Requête au Conseil, les sieurs de Barbot ont conclu à ce qu'ils fussent reçus op-posans à l'Arrêt surpris de la religion du Conseil, par les habitans de Mazerac, sur leur Requête non communiquée, & rendu sur la Requête également non communiquée de l'Inspecteur Général du Domaine, le 20 Octobre 1770, qui a cassé les Arrêts de la Cour des Aydes, des 21 Février 1761, & 5 Septembre 1765, que faisant droit sur leur opposition, cet Arrêt du Conseil fût déclaré comme non avenu; que les Arrêts de la Cour des Aydes de Guyenne, par lesquels les sieurs de Barbot ont été maintenus dans leur état de Nobles, fussent exécutés selon leur forme & teneur, &c.

Que restera-t-il à juger, disent les Adver-saires, sur le fonds des contestations qui se trouve évoqué par l'Arrêt du Conseil, si l'on statue dans cette Instance sur les conclusions de la Requête des sieurs de Barbot ?

Si ces conclusions sont adjugées, comme nous ne sçaurions en douter, il ne restera rien à ju-ger : l'Arrêt qui casse, sera rétracté, & l'évo-cation prononcée par cet Arrêt, tombera né-cessairement du même coup, parce que l'oppo-sition des sieurs de Barbot étant indéfinie, s'é-tend à tous les chefs de l'Arrêt de cassation : les Parties seront remises au même état, où elles étoient avant l'Arrêt du Conseil : ceux de la Cour des Aydes recouvreront toute leur vertu ;

il ne reſtera plus qu'à en maintenir l'exécution. Si au contraire, & par impoſſible, l'oppoſition des ſieurs de Barbot n'étoit point accueillie, l'évocation, en ce cas, produiroit ſon effet : il ſe trouveroit un reſciſoire réel & effectif : le Conſeil auroit à juger de nouveau ce que la Cour des Aydes a déja jugé ; ſçavoir, 1°. l'appel qu'avoient interjetté les habitans de Mazerac, de la Sentence de l'Election ; 2°. les Lettres de reſciſion qu'ils avoient priſes contre la reconnoiſſance qu'avoit fait leur Syndic, de la nobleſſe des ſieurs de Barbot ; 3°. les moyens que l'Inſpecteur Général du Domaine jugeroit à propos de propoſer contre la nobleſſe de ces derniers ; 4°. leurs fins de non-recevoir & leurs défenſes.

A l'égard de l'Inſtance que les habitans de Mazerac prétendent être déja liée ſur le fonds évoqué, au rapport de M. Meulan d'Ablois, les ſieurs de Barbot n'ont conſtitué Avocat au ſujet de cette Inſtance, que pour ſe mettre à portée d'établir qu'il ſeroit irrégulier d'y donner aucune ſuite, juſqu'à ce que leur oppoſition à l'Arrêt du Conſeil qui évoque, ait été jugée. Les Adverſaires qui ont ſenti la juſtice de cette obſervation, ont en effet ſuſpendu toutes pourſuites relatives à ce chef de l'Arrêt. Tant que l'oppoſition qu'ont formée à cet Arrêt les ſieurs de Barbot, durera, il ne ſçauroit être queſtion de l'Inſtance ſur le fonds évoqué ; & il s'en agira bien moins encore, lorſque cette oppoſition aura été accueillie ; tout fera terminée ; les fieurs de Barbot recouvreront pleinement leur état dont ils fe font vus dépouillés dans un inftant, fans avoir été entendus , & quoiqu'une longue fuite de fiécles eût affermi leur droit & leur poifeffion.

SECONDE PARTIE.

Fins de non-recevoir contre les habitans de Saint-Martin de Mazerac ; & réponfe à leurs prétendus moyens de caffation.

Pour donner autant de jour & de netteté , qu'il eft poffible, à cette affaire, qu'une foule de circonftances ont néceffairement rendu compliquée , nous diviferons cette feconde Partie en deux paragraphes ; dans le premier, feront établies les fins de non-recevoir : nous difcuterons, dans le fecond, les moyens de caffation.

§. I.

Fins de non-recevoir.

Les fins de non-recevoir que nous allons employer , n'ont pas pour motif de difpenfer les fieurs de Barbot de defcendre dans la juftification de leur nobleffe : il ne leur en coûte rien d'en adminiftrer la preuve à l'Infpecteur Général du

Domaine, qui feul a le droit de la demander;
& c'eft ce que nous ferons dans notre troifieme
Partie. Les fieurs de Barbot fe propofent uniquement ici d'arrêter les éternelles chicanes de cette
troupe de factieux, de lui ôter tout prétexte
de les inquiéter dorénavant, & de lui faire fupporter perfonnellement, fans répétition contre le
Corps de la Communauté, les frais énormes
auxquels on a expofé les fieurs de Barbot pendant
un fi grand nombre d'années de procédures. Et
ce n'eft ni fans moyens, ni fans intérêt que
les fieurs de Barbot font cette obfervation; car
fi c'étoit la Communauté qui fût condamnée à
ces dépens, les fieurs de Barbot courroient
rifque de ne pouvoir les recouvrer, parce que
ne leur étant poffible de faire ce recouvrement
qu'à la faveur d'une répartition fur les membres
de la Communnauté, du confentement de M.
le Commiffaire départi pour le Roi dans la province, ce Magiftrat ne manqueroit pas de re-
fufer fon confentement, attendu qu'il n'a jamais autorifé le Procès mal réfléchi qu'on a
fufcité aux fieurs de Barbot.

C'eft fur une pareille obfervation, que le 15
Janvier 1731, M. l'Evêque d'Amiens qui plai-
doit contre les habitans du Montil, fans qu'ils
s'y fuffent fait autorifer par M. l'Intendant, fit
rendre un Arrêt au Parlement deParis, rapporté
dans le Recueil de Jurifprudence de Denifart,
verbo Communauté, & fur les Conclufions de M.
l'Avocat

l'Avocat Général, par lequel il fut ordonné que ces habitans feroient tenus de rapporter l'autorifation du Commiſſaire départi.

Boireau qui figure dans l'Inſtance pour les habitans de Mazerac , n'a cependant aucune qualité légitime. Il prend celle de Syndic de la Communauté : jamais elle ne l'a nommé ni reconnu pour tel ; car on n'appellera pas la Communauté de Mazerac , qui eſt compſée de plus de ſix cens taillables , une trentaine de payſans féditieuſement attroupés par un Notaire, ennemi juré des ſieurs de Barbot. Nulle aſſemblée en forme n'a été tenue pour l'Election de ce prétendu Syndic ; il n'en a été fait au Prône de la Paroiſſe aucune annonce ni indication , comme l'exigent les Réglemens , & notamment une Déclaration de 1683. L'attroupement dont il s'agit , n'a été , comme on le penſe bien , préſidé ni par le Juge , ni par le Curé , ni par aucune perſonne de conſidération , quoique cette Paroiſſe en ſoit remplie. Tout ce qu'il y avoit de perſonnes honnêtes s'eſt refuſé à une entrepriſe auſſi paſſionnée & auſſi injuſte : quelle peut donc être une élection faite en de pareilles circonſtances ? elle n'eſt que la honte de la perſonne élue.

Voudroit-on conſidérer Boireau comme véritable Syndic , & muni des pouvoirs de ſa Com-

F

munauté , il en réfulteroit encore une fin de non-recevoir auffi forte & auffi efficace. Il eft en effet prouvé par les actes de la procédure, que Boireau avoit d'abord ofé contefter la no-bleffe des fieurs de Barbot ; que fon prétexte étoit pris de ce que l'Arrêt de la Cour des Aydes du 21 Février 1761 , qui avoit maintenu les fieurs de Barbot dans leur état, ne lui étoit pas réguliérement connu ; mais qu'après que la figni-fication lui en a été faite, il a formellement & très-expreffément déclaré dans une Requête, te-nir & reconnoître les fieurs de Barbot pour Ecuyers, & ne vouloir point en aucune maniere, leur contefter à l'avenir leur état, & leur qua-lité de Nobles.

Ce n'eft pas le feul aveu qui foit forti à ce fujet, de la bouche de ce prétendu Syndic. Après avoir fait la déclaration judiciaire & authentique dont nous venons de parler ; il n'en a pas moins fou-tenu la validité de la cottifation de Laveau, valet du fieur de Barbot de Larcis ; mais la rai-fon de ce Syndic, étoit de prétendre que ce nommé Laveau, n'étoit qu'un colon partiaire, un bordier ou prix-faiteur déguifé fous le nom de valet. C'étoit bien reconnoître qu'en fup-pofant cette qualité de valet réelle ; fon exemp-tion de la taille étoit jufte, & que le fieur de Barbot, en qui fe trouvoit le droit & le privi-lége d'exempter ce valet, étoit véritablement Noble. Et à l'égard de cette qualité de colon partiaire, qu'on suppose avoir été déguisée; quelle preuve en rapportent les Adversaires? aucune autre que leur allégation, tandis que pour la démentir, le sieur de Barbot de Larcis rapporte un acte public, qui constate les conventions d'entre le valet & son Maître, & que ce dernier pour satisfaire à la Sentence de l'Election qui l'avoit ainsi ordonné, a affirmé en Justice, lui Gentilhomme, que Laveau n'étoit que son simple valet à gages. On ne doit donc point aujourd'hui prêter l'oreille aux clameurs de ce prétendu Syndic, toutes démenties par son propre langage; & la fin de non-recevoir qui en résulte contre lui, s'éleve de même contre tous ceux qui ont parlé par sa bouche.

Quand il seroit vrai, disent les Adversaires, que Boireau seroit non-recevable à attaquer la noblesse des sieurs de Barbot, il n'en seroit pas de même des Collecteurs, qui étoient & qui sont parties principales.

Ces collecteurs ainsi que tous les habitans avec lesquels ils se sont ligués, sont également non-recevables; ils le sont, 1°. parce que leurs délibérations prises au sujet du procès suscité aux sieurs de Barbot, n'ont point été autorisés par le Commissaire départi; 2°. parce que l'état de noblesse des sieurs de Barbot a déjà été jugé, non-seulement avec le Ministere public, mais encore avec la Communauté de Saint-Martin de Mazerac: 3°. parce que cette Communauté, a elle-même exécuté l'Arrêt de la Cour des Aydes du 21 Fevrier 1761, qui avoit vérifié la noblesse des sieurs de Barbot.

Personne n'ignore que les Communautés ne peuvent s'engager dans aucun procès, sans l'attache de l'Intendant de la Province : Boireau & ses adhérans connoissoient les Loix qui les astraignoient à se faire ainsi autoriser, avant d'inquiéter les sieurs de Barbot sur leur état ; pour se garantir des peines portées par ces Loix, ils ont tenté de surprendre cette autorisation, par une Requête qu'ils ont présentée au Commissaire départi ; mais ce Magistrat ayant découvert les principes d'animosité qui les guidoient, a rejetté avec indignation leur Requête, & leur a d'autant plus refusé son approbation, qu'il n'a apperçu dans leur tentative, d'autre but que d'outrager les sieurs de Barbot, dont l'état déjà jugé avec ces paysans même, n'avoit jamais éprouvé le moindre doute dans la Province.

Les Adversaires sans ressource de ce côté-là, ont cru ne devoir plus prendre conseil que d'eux-mêmes, de leur témérité & de la cabale. On les a vu se livrer avec autant de chaleur que d'indiscrétion, au procès dont il s'agit ; des députations ont été faites à très-grands frais, à Bordeaux, & à Paris, où Coste s'est fait députer ; la voie des emprunts s'est ouverte ; on a puisé dans toutes les bourses, & la Communauté s'est trouvée accablée de dettes.

L'Edit du mois d'Avril 1683, & la Déclaration du 2 Août 1687, veulent que les Maires, Echevins, Syndics & Communauté, ne puiſſent intenter aucune action, ni commencer aucun procès, au nom de la Communauté, *tant au cauſe principale que d'appel, ni ordonner des députations*, ſans en avoir obtenu le conſentement dans une aſſemblée, dont l'acte doit être autoriſé d'une permiſſion par écrit de l'Intendant de la généralité.

Une Déclaration du 2 Octobre 1703, en renouvellant ces diſpoſitions, prononce des peines contre ceux qui négligeront de les obſerver. Elle rend les Maires, Echevins, Syndics, &c. garants ; & défend aux Procureurs, d'occuper, qu'il ne leur ſoit apparu de la permiſſion des Commiſſaires départis, à peine de nullité.

Une Déclaration du 13 Avril 1761, contient à ce ſujet, des diſpoſitions qu'il convient de rappeller.

« Lorſque des habitans d'une Communauté,
» porte l'article 12, auront ſuccombé dans un
» procès, ſoit en demandant, ſoit en défendant,
» ſur le fait des tailles, ſans avoir été préalablement
» autoriſé par les ſieurs Intendants & Commiſ-
» ſaires départis, voulons en ce cas, que les con-
» damnations de frais & dépens, dommages &
» intérêts, ne ſoient ſupportés que par ceux qui
» auront ſigné ou approuvé la délibération, en-
» tre leſquels la réimpoſition ſera faite au marc

» la livre de leurs cottes , ſans que les autres ha-
» bitans qui n'auront pas adhéré à la délibération ,
» ſoient tenus de ſupporter aucune portion deſ-
» dites condamnations ou rejets ».

L'Article 13 s'explique ainſi , « & quand les
» délibérations des Communautés ne ſeront ni
» autoriſées par l'Intendant & Commiſſaire dé-
» parti , ni ſignées ou avouées par un nombre
» d'habitans qui porteront entr'eux au moins ,
» moitié de la taille de la Paroiſſe ; *permettons* ,
» *en ce cas , d'oppoſer aux délibérans , procédans*
» *ſous le nom des habitans , la fin de non-recevoir* ».

Par le premier de ces articles , on voit que le
Prince , toujours attentif au ſoulagement de ſes
peuples , ne veut pas que ceux des membres d'une
Communauté qui auront intenté un procès , ſans
autoriſation du Commiſſaire départi , puiſſent
faire rejaillir ſur les autres membres qui n'auront
point eu de part à la délibération , les condamnations de frais , de dépens , dommages & intérêts : les délibérans ſeuls doivent les ſupporter
au marc la livre de leurs cottes. D'après cela ,
on ne ſçauroit douter que les ſieurs de Barbot
n'aient, dans le moment , le plus grand intérêt de
relever contre leurs Adverſaires , le défaut d'autoriſation de la part du Commiſſaire départi ;
parce que n'ayant le droit de répéter leurs frais
que contre des particuliers , ſi la condamnation
en étoit prononcée contre la Communauté indé-
finiment , les non-délibérans , d'après l'article

12 de la Déclaration du 13 Avril 1761, feroient autorifés à contefter à leur égard, l'exécution de l'Arrêt du Confeil; ce qui replongeroit les fieurs de Barbot dans un nouvel embarras.

L'Article 13, comme on vient de le voir, n'eft pas moins importans pour les Communautés elles-mêmes, que pour les autres citoyens avec lefquels elles ont des intérêts à difcuter. Le Légiflateur inftruit de l'efprit de difcution qui régne prefque toujours dans ces corps, & l'humeur litigieufe qui dirige la plupart des oppinions, fous le prétexte qu'on ne plaide point à fes propres dépens, n'a pas voulu qu'une conteftation pût être engagée par ces Communautés qu'elle n'ait été délibérée & arrêtée par un nombre d'habitans qui fupportent au moins moitié de la taille de la Paroiffe; faute de quoi, la fin de nonrecevoir eft ouverte contr'eux. Ce n'eft donc pas fans raifon que les fieurs de Barbot l'ont oppofée fur le même fondement, aux habitans de Saint-Martin de Mazerac, puifqu'il eft certain d'après le relevé qu'on a pris du rôle de la taille de cette Paroiffe, que ceux de ces habitans, dont on a furpris l'intervention dans cette affaire, ne fupportent pas la dixieme partie du montant des impofitions, qui s'élévent à 10524 liv. 15 f. & les Parties Adverfes n'en fupportent entr'eux que pour 972 liv. 7 f.

Par rapport à cette autorifation de M. l'Intendant, que nous venons de prouver, avoir été fi nécessaire aux habitans de Saint-Martin de Mazerac pour pouvoir entamer le procès qu'ils font éprouver aux sieurs de Barbot, les Adversaires n'ont rien répondu. On ne regardera pas, en effet, comme une réponse, ce qu'ils alléguent, qu'il n'est pas probable que le Commissaire départi leur ait fait défense de suivre ce procès. La preuve qu'il le leur a défendu, c'est qu'il leur a formellement refusé son autorisation ; ce qui devoit arrêter toute poursuite de leur part. Et lorsque pour colorer leur entreprise passionnée, ils s'efforcent d'annoncer les sieurs de Barbot, comme aggresseurs, sous le prétexte de l'assignation que le sieur de Barbot de Larcis leur a fait donner devant l'Election de Guyenne, pour voir casser la cottisation dont il s'agit ; c'est vouloir dénaturer & déguiser les choses les plus simples. Cette assignation donnée, fait nécessairement supporter une premiere attaque ; quelle est-elle ? C'est l'imposition faite par les habitans, de la personne du valet du sieur de Barbot de Larcis, contre le privilége de ce dernier ; ce sont donc ces habitans eux-mêmes qui se sont malicieusement montrés les aggresseurs. Et lorsqu'ils ont entrepris de contester la noblesse des sieurs de Barbot, quels sont ceux qui ouvroient l'attaque ?

Les habitans de Saint-Martin de Mazerac, sont certainement non-recevables à attaquer l'Arrêt de la Cour des Aydes du 21 Février 1761, si cet Arrêt

Arrêt a été rendu avec eux : or, c'eſt un fait dont on ne peut douter ; ces habitans de Saint-Martin de Mazerac ſont autant de membres de la Communauté de Saint-Emillion ; la Paroiſſe de Saint-Martin de Mazerac eſt un des Fauxbourgs de la Ville : les habitans de cette Paroiſſe ne forment point de Communauté particuliere ; ils ſont de la corporation de la Ville , & ne font avec elle qu'une même Cité. Tous ces habitans , ſoit de Mazerac , ſoit de Saint-Emillion , ont été appellés lors de l'Arrêt de 1761 , dont il s'agit ici , dans la perſonne des Maire & Jurats de Saint-Emillion , pour avouer ou conteſter , ainſi qu'ils avoient intérêt de le faire , les titres de nobleſſe que les ſieurs de Barbot avoient mis ſous les yeux de la Cour des Aydes : ces Chefs de la Communauté , après avoir convoqué l'aſſemblée en la forme preſcrite , ont délibéré n'avoir aucun moyen pour conteſter cette nobleſſe ; ils en ont envoyé leur déclaration au Procureur Général , après l'avoir fait ſignifier aux ſieurs de Barbot : l'Arrêt eſt intervenu en conſéquence ; ils y ont donc été parties ? ils ſont donc non-recevable à l'attaquer ?

Que les habitans de Saint-Emillion ne faſsent qu'une ſeule Communauté avec ceux de Saint-Martin de Mazerac , c'eſt ce qui ſe prouve bien ſenſiblement par la répartition qui ſe fait , & qui s'eſt toujours faite entr'eux , des charges de la Communauté , & encore par la participation de

G

chacun de ces habitans, aux honneurs municipaux ; en sorte qu'on choisit indifféremment dans
Saint-Martin de Mazerac, & dans Saint-Emillion,
les personnes de mérite, pour remplir les places
de Maire & de Jurats : l'exemple s'en trouve dans
notre affaire-même ; parmi les Officiers municipaux qui ont signé la délibération que prit la
Communauté de Saint - Emillion sur la communication qui lui avoit été donnée des titres de noblesse des sieurs de Barbot, avant l'Arrêt de 1761, trois se trouverent être habitans de
Saint-Martin de Mazerac ; le sieur Gadet, Maire ;
le sieur Cazimajou, Jurat, & le sieur Voisin,
aussi Jurat. Cela paroît encore prouvé dans un
Acte du 27 Décembre 1764, produit par les
Adversaires : cet Acte est signé des sieurs Laveau
& Fondandan, Jurats de Saint-Emillion, & habitans de Saint-Martin de Mazerac. Cela est enfin
justifié par deux certificats, donnés l'un, le 2
Août 1765, par le Curé de la Paroisse de Saint-
Martin de Mazerac ; l'autre, le 4 du même mois,
par les Maire & Jurats, alors en charge à Saint-
Emillion, & qui attestent que ces places ont été
& sont occupées alternativement, par les habi-
tans de Saint-Martin de Mazerac, & par ceux de
Saint-Emillion.

Quant à la répartition des charges de la Communauté, entre tous les habitans, soit de Saint-
Martin de Mazerac, soit de Saint-Emillion, il y
en a des exemples multipliés. Nous nous conten-
terons de citer celui de la Dame de Lescours, &

celui du sieur Sarzac. Ils avoient gagné un procès au sujet de quelques droits honorifiques ; les habitans de Saint-Martin de Mazerac n'ont pas été moins imposés que ceux de Saint-Emillion, pour les dépens auxquels les Maire & Jurats de Saint-Emillion avoient été condamnés comme représentans, toute la Communauté.

Pour écarter cette idée d'identité de Communauté, les Adversaires allèguent qu'on nomme chaque jour dans ces différentes Villes, des Jurats Gentilshommes qui n'en sont pas habitans ; que le sieur Degeres, par exemple, étoit habitant de Saint-Emillion, lorsqu'il fût élu Jurat de Bordeaux.

C'est une double erreur de droit & de fait. Erreur de droit, parce que les Statuts de toutes ces Villes, & notamment à Bordeaux & à Saint-Emillion, portent expressément que nul ne peut être élu Jurat, s'il n'est domicilié & habitant de la Ville. Erreur de fait, parce que le sieur Degeres étoit réellement habitant de Bordeaux, lorsqu'il en fût élu Jurat : sans cela, jamais il n'auroit pu l'être ; & il n'y a point d'exemple contraire à ce principe, qui, à Bordeaux, comme à Paris, nourrit & entretient une noble émulation parmi les citoyens, & qui leur fait faire des efforts pour se rendre les plus dignes de gouverner leurs compatriotes.

Les Adversaires prétendent qu'on ne sçauroit envisager l'Arrêt de 1761 , comme ayant été rendu contradictoirement avec eux , parce qu'ils n'y étoient pas parties ; que la Ville de Saint-Emillion qui a été appellée , n'a pu rien faire contre les intérêts de la Paroisse de Saint-Martin de Mazerac. Il n'importe , continuent-ils , que cette Paroisse , dans tout le reste , soit de la corporation de la Ville. A l'égard de la taille , il n'en est pas de même ; en ce cas , la Ville est séparée de cette Paroisse , qui a ses rôles , ses Collecteurs & ses Syndics distincts ; ce sont deux Communautés qui n'ont rien de commun.

Sans rappeller ce que nous avons déjà observés sur l'unité de Corps, dont Saint-Emillion & Saint-Martin de Mazerac ne sont que des membres , nous observerons que la plupart des Propriétaires de Saint-Martin de Mazerac, qui n'est qu'un Fauxbourg de la Ville de Saint-Emilion , résident dans cette Ville ; que c'est dans ce Corps municipal, & dans l'Hôtel commun qui lui est destiné , que les rôles de l'un & de l'autre endroits , se rédigent ; que les assemblées générales se convoquent & se tiennent ; que les difficultés sur la cotte des tailles se discutent & se délibérent : d'où il résulte que c'est à ce Corps municipal seul , & au chef-lieu de la Communauté générale qu'ont dû être communiquées & signifiées la Requête présentée par le sieur de Barbot de Larcis , lors de l'Arrêt de 1761 , avec ses Pieces justificatives : & dès que , sur cette communication de Requête & de Pieces, les Officiers municipaux de S. Emillion ont convoqué en la maniere accoutumée, par Billets, & au son de la cloche, non-seulement les habitans de Saint-Emillion; mais encore les *Syndics*, Collecteurs & habitans de Saint-Martin de Mazerac; il est incontestable, que ce qui a été délibéré dans cette assemblée, est commun avec tous les autres habitans; & que l'Arrêt qui a été rendu le 21 Février 1761 à la Cour des Aydes, en conséquence de cette délibération, n'est pas moins contradictoire avec les habitans de Saint-Martin de Mazerac, qu'avec ceux de Saint-Emillion; par conséquent, les uns ne sont pas moins non-recevables à l'attaquer que les autres.

Il doit paroître singulier de voir quelques habitans de Saint-Martin de Mazerac, s'élever avec autant d'acharnement contre la noblesse des sieurs de Barbot, tandis que la Communauté de Coutras où réside le sieur de Barbot de Pleineselve, non-moins intéressée à critiquer cette noblesse, que la Communauté de Saint-Martin de Mazerac, n'a pas osé le tenter. D'où peut venir la raison de cette différence? C'est parce que les habitans de Coutras se rendent plus de justice sur les fins de non-recevoir qu'on auroit aussi à leur opposer; parce que la noblesse des sieurs de Barbot leur est parfaitement connue; parce qu'ils l'ont publiquement avouée; parce qu'enfin ils sont assez heureux, pour n'avoir point dans leur Communauté des *Costes* & des *Ducarpes*.

Pour donner lieu à la fin de non-recevoir, dont on vient de parler, il ne seroit pas même nécessaire que l'Arrêt fût contradictoire avec ces habitans ; il suffiroit qu'il l'eût été avec le Procureur Général. Il est constant que tous les Arrêts qui prononcent sur l'Etat des personnes, dès lors qu'ils ont été rendus contradictoirement avec le Ministere public, acquierent par cela seul, toute l'autorité de la chose jugée, même vis-à-vis de ceux qui pourroient y avoir quelqu'intérêt, & qui n'y auroient pas été parties. Ce principe est consigné dans la Loi 25, au Digeste, *de statu hominum : Ingenuum accipere debemus*, dit cette Loi, *etiam eum de quo sententia lata est, quamvis fuerit libertinùs, quia res judicata pro veritate accipitur.* Cette maxime a singuliérement lieu dans toutes les causes des nobles, comme l'atteste Mornac, sur cette Loi *Ingenuum*, où il s'explique ainsi ; *Quotidianus hic textus ut sententia lata in casu statûs, facit jus quo ad omnes, maximè verò ubi de nobilitate agitur.*

Nous avons ici cet avantage particulier, que le Défenseur des Adversaires, non-moins distingué par les ressources de l'esprit, que par les qualités du cœur, a lui-même employé avec succès, cette Loi *Ingenuum*, dans l'affaire si connue de la Dame de Mellet, contre M. Daspe, pour prouver, que dès-là, que le sieur de Mellet avoit été déclaré noble par divers Jugemens, personne n'étoit recevable à l'attaquer. « De quoi s'agis-

” foit-il dans cette Loi ? (remarque le Défenfeur
” de la Dame de Mellet, à la pag. 45 de fon Mé-
” moire imprimé.) Il s'agiffoit de la diftinction
” établie chez les Romains , entre les anciens
” Citoyens qu'on appelloit *Ingenui* , & les nou-
” veaux Citoyens, dont les Ancêtres avoient été
” affranchis. Diftinction , qui , felon tous les Au-
” teurs , répond parfaitement à celle des nobles
” & des roturiers. Or , dans cette efpece , la Loi
” décide formellement , que par la force de la
” chofe jugée , on doit regarder comme ingénu
” celui qui a été déclaré tel par un Jugement ,
” fût-il de race affranchie ». C'eft ainfi qu'a rai-
fonné le Défenfeur des Adverfaires, en défendant
une caufe conforme à la conteftation actuelle ;
nous l'oppofons donc à lui-même : & ce qui a
fait fon triomphe alors , doit néceffairemen op-
pérer fa défaite dans ce moment.

S'il en étoit autrement ; fi , par exemple , l'Arrêt de la Cour des Aydes , qui , fur le vu des titres & des pieces juftificatives , a maintenu les
fieurs de Barbot dans leur nobleffe d'extraction ,
n'avoit la force & l'autorité de la chofe jugée ,
que vis-à-vis des Communautés de Saint-Emillion
& de Coutras , fous prétexte qu'elles feules ont
eu communication des titres & de la Requête de
ces deux Gentilshommes ; il en réfulteroit les con-
féquences les plus abfurdes , & les plus contrai-
res à la nature des chofes , & à l'ordre public :
il s'enfuivroit que les fieurs de Barbot ne feroient

jugés nobles & ne devroient jouir des priviléges des Nobles , que dans les deux Villes de Saint-Emillion & de Coutras , & nullement ailleurs ; ils s'enfuivroit qu'ils feroient obligés de communiquer leurs titres de nobleffe aux habitans de tous les différens endroits où ils poféderoient des fonds , & d'obtenir autant d'Arrêts qu'il y auroit de Communautés , & même d'habitans à qui il plairoit de s'oppofer à l'exécution de tous les Arrêts rendus fur cette nobleffe , dans lefquels ils n'auroient pas été parties ; c'eft-à-dire , qu'il n'y auroit jamais de fin aux procès ; que les Arrêts rendus en faveur des nobles , n'acquéreroient jamais l'autorité de la chofe abfolument & définitivement jugée ; enfin , que la nobleffe , cette marque ordinaire & diftinguée de la vertu , qui n'en doit être que la récompenfe , n'en feroit que le fléau.

Indépendamment de l'aveu formel & judiciaire de la nobleffe des fieurs de Barbot , qu'a fait Boireau , Syndic , au nom des habitans de Saint-Martin de Mazerac , ces habitans l'ont eux-mêmes reconnue , d'une maniere très-frappante , en exécutant volontairement , l'Arrêt de la Cour des Aydes , du 21 Février 1761 , qui avoit vérifié cette nobleffe , & fait défenfes d'y troubler les fieurs de Barbot. On fe rappelle que dès que cet Arrêt a été rendu & fignifié à la Communauté de Saint-Martin de Mazerac , elle a tout

de

de fuite ôté le fieur de Barbot de Larcis du rôle
des tailles, où l'on avoit eu la témérité de le
mettre, & l'a infcrit dans le Catalogue des Nobles & des privilégiés. Ce font tous les habitans
qui lui ont rendu cette juftice, par un effet de
la perfuation où ils étoient de la vérité de fon état
de noble. C'eft après avoir corrompu quelques-
uns de ces habitans, qu'on voudroit faire voir
que le Général de la Communauté a changé de
façon de penfer. Le pourroit-elle même quand
elle le voudroit ? La Loi y réfifte, comme nous
venons de le voir : ce qui étoit vrai alors, ne
l'eft pas moins aujourd'hui ; & l'on ne fe joue
point ainfi de l'état des hommes.

Avoir ôté le fieur de Barbot de Larcis du
rôle des tailles, en vertu de l'Arrêt de la Cour
des Aydes de 1761, ce n'eft, difent les Adverfaires, qu'une exécution privée & particuliere
de cet Arrêt ; la Communauté n'y a eu aucune
part, & la preuve s'en tire de ce qu'elle-même
reclame aujourd'hui contre ce même Arrêt.

C'eft ce qu'on appélle réfoudre la queftion
par la queftion même : de ce que les Adverfaires s'avifent aujourd'hui d'attaquer l'Arrêt de
1761, en réfulte-t-il qu'antérieurement ils n'ont
pas pu l'exécuter, & qu'ils ne l'ont pas en effet
exécuté ? Et quelle exécution plus formelle &
plus expreffe, que d'avoir fur le champ ôté le
fieur de Barbot du rôle des tailles connu de
toute la Communauté, & rédigé fous fes yeux ?

Non eſt audiendus appellans qui ſemel acquievit judicato, ſive antè, ſive poſt appellaverit, Leg. 5, Cod. de re jud. Telle eſt auſſi la diſpoſition de l'Ordonnance de 1667, au titre de l'exécution des Jugemens, article 5, qui réjette toute réclamation contre des Jugemens auxquels on auroit acquieſcé.

En réſumant les fins de non-recevoir que nous avons oppoſées aux Adverſaires, on voit qu'ils ne ſçauroient attaquer l'Arrêt de la Cour des Aydes du 21 Février 1761, puiſque cet Arrêt a été rendu avec eux, qu'ils l'ont exécuté, qu'ils n'ont point l'attache du Commiſſaire départi, & qu'enfin ils ont eux-mêmes en plus d'une occaſion, reconnu & avoué la nobleſſe d'extraction dans laquelle cet Arrêt de 1761 a maintenu les ſieurs de Barbot.

§. II.

Diſcuſſion des Moyens de caſſation employés par les Syndic & Habitans de la Paroiſſe de Saint-Martin de Mazerac, contre l'Arrêt de la Cour des Aydes de Guyenne, du 21 Fevrier 1761, & contre celui du 5 Septembre 1765, rendu par la même Cour, confirmatif du premier.

Comme l'Arrêt du 5 Septembre 1765 n'a fait que confirmer celui du 21 Février 1761, en propoſant leurs moyens de caſſation contre celui-ci,

Diſcuſſion du premier moyen de caſſation ; conceſſion de Nobleſſe ſuppoſée dans l'Arrêt de la Cour des Aydes, du 21 Février 1761.

les Adverfaires en font réfulter la néceffité de caffer l'autre. Ils prétendent , pour premier moyen, que lors de cet Arrêt de 1761 , qui a vérifié la nobleffe des fieurs de Barbot, la Cour des Aydes leur a accordé d'une maniere déguifée, un anobliffement qu'ils n'avoient pas.

Que porte cet Arrêt? que les fieurs de Barbot *continueront de jouir de leur qualité de nobles*. Qui parle d'une continuation de nobleffe, ne dit pas une création ou une conceffion actuelle de no-bleffe : il ne faut que les premieres lumieres du bon fens pour entendre cette logique. Elle n'a certainement pas échappée à la fagacité de M. l'Infpecteur Général du Domaine. Ce moyen de caffation, a-t-il dit , n'eft pas foutenable. La Cour des Aydes a bien déclaré que les fieurs de Barbot étoient nobles ; mais elle ne les a pas anoblis, comme le prétendent les habitans de Saint-Martin de Mazerac : elle les a déclaré nobles, c'eft-à-dire, elle a jugé que les titres de nobleffe qu'ils lui ont préfentés, étoient fuf-fifans ; elle n'a point entendu leur donner la nobleffe qu'ils n'avoient pas , ou les reftituer dans celle qu'ils avoient perdue : elle les a main-tenus dans l'état dont elle les a cru en poffeffion. Il feroit ridicule de dire que les fieurs de Barbot auroient dû fe retirer pardevers le Roi , parce qu'on ne prend ce parti que pour obtenir des Lettres de nobleffe ou de réhabilitation quand le cas y échet. Tel a été le langage de l'Infpec-

H ij

teur Général du Domaine, quoique par état il fut l'adverſaire des ſieurs de Barbot.

En partant toujours d'une pétition de principe, de cette ſuppoſition erronée que la Cour des Aydes, dans ſon Arrêt, a entendu d'une façon détournée, anoblir les ſieurs de Barbot, les Adverſaires prétendent que ce Tribunal a en cela commis un attentat éclatant contre la ſouveraine autorité, à laquelle ſeule il appartient de faire des nobles. Et pour établir cette maxime qu'on ne ſçauroit dénier ſans honte, ils ſe ſont épuiſés en recherches & en doctrine inutiles, & qui ne pouvoient jamais être plus déplacées. Hé ! oui, ſans doute, le droit d'anoblir eſt un droit éminent réſervé à la ſeule perſonne du Souverain. Que réſulte-t-il de ce principe inconteſtable ? Que la Cour des Aydes n'a pas dû anoblir les ſieurs de Barbot, c'eſt auſſi ce qu'elle n'a pas fait. Déclarer que quelqu'un eſt noble, parce qu'il en rapporte la preuve, n'eſt certainement pas l'anoblir.

On voit les habitans de Saint Martin de Mazerac dans leurs écrits, s'inquiéter, s'agiter & ſe donner la torture, pour trouver dans l'Arrêt de cette Cour un ſens qui n'y eſt pas. Ils ne veulent pas laiſſer aux expreſſions & aux mots qu'on y a employés, leur ſignification ordinaire. *Continuer de jouir de ſa nobleſſe*, ſelon eux, n'eſt pas ſe perpétuer dans un droit déja acquis, c'eſt une conceſſion, c'eſt acquérir ce qu'on n'avoit pas ; & pour rendre , s'il étoit poſſible , cette nouvelle logique ſoutenable , les ſophiſmes ſe préſentent en foule. De deux choſes l'une, dit-on, ou un Particulier eſt noble , ou il eſt roturier ; s'il eſt roturier, ce n'eſt pas le cas de demander la confirmation de la Nobleſſe ; car on ne peut pas obtenir la confirmation de ce qu'on n'a pas ; s'il eſt Noble , il n'a pas beſoin d'être confirmé dans la Nobleſſe , ſa qualité ſubſiſte par elle-même , ſans aucune confirmation : d'où l'on tire cette conſéquence auſſi indécente que fauſ-ſement réfléchie, que c'eſt donc une véritable fraude de la part des ſieurs de Barbot d'avoir pris le détour de demander qu'ils continueroient de jouir de la nobleſſe ; il eſt évident continue-t-on , que c'étoit demander d'être anoblis.

Les ſieurs de Barbot ſont nobles , & il eſt vrai qu'ils n'avoient pas beſoin de recourir à la Cour des Aydes , pour ſe faire confirmer dans leur no-bleſſe. Mais comme il y avoit un Réglement qui ordonnoit d'impoſer indiſtinctement à la taille les Nobles & les Roturiers , ſi les premiers n'é-toient allé juſtifier de leur nobleſſe devant la Cour des Aydes , c'eſt la raiſon pourquoi les ſieurs de Barbot furent obligés, à l'exemple des autres Gentilshommes , de s'adreſſer à la Cour des Aydes , non pas encore une fois , pour ſe faire confirmer dans leur nobleſſe , mais pour en faire la preuve , pour obéir à l'Arrêt de Ré-glement , & pour jouir en conſéquence des priviléges attribués aux Nobles, defquels ils auroient été privés, s'ils n'avoient pas rempli cette formalité. Cela fe juftifie affez par la conduite même qu'ont tenue à leur égard, les Adverfaires: ils n'ont tenté de mettre le fieur de Barbot de Larcis à la taille en 1760, que parce qu'il n'avoit pas encore fatisfait à l'Arrêt de Réglement; & ce qui le prouve, c'eft qu'auffi-tôt qu'il a eu fubi la Loi, que fes titres ont été vérifiés, les habitans de Mazerac fe font empreffés de l'ôter de deffus leur rôle, & de l'infcrire dans le catalogue des Nobles.

C'étoit dans une premiere Requête, que les Adverfaires avoient fait envifager comme un anobliffement accordé par la Cour des Aydes, l'Arrêt de 1761, par lequel cette Cour n'a fait que vérifier les titres de nobleffe des fieurs de Barbot. En témoignant notre étonnement d'une pareille interprétation, nous avions fait des obfervations qui nous avoient fait croire que les habitans de Mazerac ne pourroient plus, fans quelque honte, reproduire un fi fingulier fyftême. Ils y ont néanmoins perfifté; ils n'ont pas même craint de foutenir depuis, que les termes par lefquels la Cour des Aydes a ordonné dans fon Arrêt du 21 Février 1761, que les fieurs de Barbot continueroient de jouir de la qualité de Nobles & d'Ecuyers, *ne font qu'une rufe & un artifice*; ce n'eft qu'une *conceffion déguifée, un attentat caractérifé à la puiffance & à l'autorité fuprême.*

Voilà donc une Cour supérieure accusée par des paysans ses justiciables, de ruse, d'artifice, de déguisement & d'attentat. Et ces grands crimes (qu'on doit regarder comme tels, quand ils se rencontrent dans la conduite d'un Juge): les Adversaires conviennent ne pas les trouver dans les termes de l'Arrêt, dans ce que cet Arrêt a jugé, mais dans ce que, selon eux, les Magistrats ont secrettement voulu juger. C'est ainsi qu'on se permet d'empoisonner les intentions de ces Magistrats respectables. C'eut été peu de reprocher à leur esprit, des erreurs dont tout esprit est susceptible; c'est leur cœur qu'on inculpe, en l'accusant d'infamie; & c'est-là qu'on place les *ruses*, les *artifices*, les *déguisemens*, & les *attentats*, dont on les soutient coupables. Nous ne doutons point que si la Cour des Aydes étoit instruite de ces calomnies atroces, elle ne se pourvût pour en assurer la punition. Mais le Roi lui-même, ou son Conseil, ne prononcera-t-il aucune peine contre un manquement de respect aussi éclatant & aussi outrageant, envers des Juges supérieurs, qui ne sont que les images de Sa Majesté, & qu'Elle a trouvé dignes du dépôt d'une portion de sa puissance?

Il est certain, disent ces Adversaires audacieux, que l'Arrêt de la Cour des Aydes, est un Arrêt de concession déguisée, & non pas un simple Arrêt de maintenue; que le sieur de Barbot de Larcis, ne jouissoit point de la qualité de Noble, ni des priviléges qui y font attachés, puifqu'en 1760, il étoit actuellement impofé à la taille fur le rôle de Saint-Emillion : fon pere, fes ancêtres ne jouiffoient pas plus que lui de la qualité d'*Ecuyers*, puifque dans les actes qu'ils avoient paffés, cette qualité ne leur avoit pas été donnée; leur dernier état enfin, étoit un état de roture conftaté par un Jugement de M. Pelot, du 12 Avril 1667, qui avoit condamné Denis Romain Barbot, grand-oncle des fieurs de Barbot parties dans l'Inftance, en l'amende, pour ufurpation de Nobleffe.

La Cour des Aydes lors de fon Arrêt de 1761, avoit fous fes yeux la preuve inconteftable, que l'état actuel des fieurs de Barbot, étoit un état de Nobles d'extraction, puifqu'eux-mêmes, leur pere & leurs ayeux en avoient la qualité. L'impofition qu'on avoit faite pour la premiere fois en 1760, de la perfonne du fieur de Barbot de Larcis, ne changeoit rien à fon état; c'étoit une entreprife contre laquelle il étoit indifpenfable, comme nous l'avons déjà fait voir, qu'il fe pourvût à la Cour des Aydes, & qu'il y obtint l'Arrêt de 1761 déclaratif de fa Nobleffe. A l'égard du Jugement prétendu porté contre Denis-Romain Barbot, il eft bien fenfible que l'état de ce collatéral, n'a pu altérer en aucune façon, celui des autres parents qui fe trouvent dans la ligne directe : c'eft ce qui fe juftifiera dans un autre lieu.

Ici

Ici les Adverfaires s'élevent contre la compétence de la Cour des Aydes. Par la célébre Déclaration du 8 Octobre 1729, difent-ils, toutes les recherches des prétendus faux Nobles, ont été terminées. Depuis ce tems, il n'a plus été permis d'inquiéter par une recherche, les citoyens fur leur état de noble ou de roturier; tout eft rentré dans l'ordre où l'on étoit auparavant: c'eft-à-dire, qu'aucune queftion fur la noblefle, fur fa poffeffion ou fa déchéance, n'a pu être agitée dans les Tribunaux, qu'autant que cette queftion aura été incidente à une autre conteftation principale.Difcuffion du deuxiéme moyen de caffation ; incompétence prétendue de la Cour des Aydes.

D'après ces idées, les habitans de Saint-Martin de Mazerac prétendent, que la Cour des Aydes de Bordeaux, n'a pas pu fans une violation des défenfes du Souverain, porter le Réglement du 27 Juillet 1754, par lequel les Nobles & les Privilégiés de fon reffort, on été obligé de juftifier de leur noblefle & de leur privilége; c'eft une nouvelle recherche des prétendus faux nobles; c'eft un véritable attentat à l'autorité fupiême.

A l'égard de l'Arrêt du 21 Février 1761, par lequel la Cour des Aydes, en conféquence de fon Réglement de 1754, a vérifié les titres des fieurs de Barbot, & les a maintenus dans leur Nobleffe d'extraction : les Adverfaires foutiennent que cet Arrêt n'a pas été moins incompétemment rendu; & pour le prouver, voici le raifon-

I

nement qu'ils ont fait. Les Cours des Aydes n'ont été établies, que pour connoître par la voie de l'appel, des conteſtations concernant les Aydes, Tailles & autres impoſitions : jamais il n'eſt entré dans l'objet de leur établiſſement, de les rendre Juges & arbitres ſouverains de la Nobleſſe de France : ſi elles connoiſſent des cauſes de Nobleſſe, ce n'eſt que relativement à des conteſtations incidentes à des cauſes ou procès concernant les tailles ; tout ce qui touche à l'adminiſtration dans cette importante matiere ſur la Nobleſſe, leur eſt abſolument étranger : or, pourſuivent les habitans de Mazerac, dans l'eſpèce particuliere, la Cour des Aydes de Guyenne a connu par voie d'adminiſtration, de la prétendue nobleſſe des ſieurs de Barbot ; elle en a connu ſans qu'il fût queſtion d'aucun procès au ſujet de l'impoſition aux tailles ; cette Cour a donc excédé les bornes de ſon pouvoir ; ce qui rend ſon Arrêt ſuſceptible de caſſation.

RÉPONSE. Compétence des Cours des Aydes pour la recherche des faux Nobles ; la Cour de Aydes de Guyenne a compétemment porté ſon Arrêt de Réglement du 27 Juillet 1754.

Il n'eſt pas difficile de juſtifier la compétence de la Cour des Aydes de Bordeaux, tant à l'égard de ſon Réglement de 1754, qu'à l'égard de ſon Arrêt du 21 Février 1761.

Les Cours des Aydes ne ſont point réduites, comme le prétendent nos Adverſaires, & n'ont jamais été bornées à connoître des queſtions ſur la Nobleſſe, dans le cas ſeulement, où ces queſtions ſont incidentes à d'autres queſtions ſur le fait des tailles. La conftitution de ces Cours , & la nature de leur établiffement , ont toujours demandé qu'elles puffent connoître de ces queftions, même par action directe & principale. Comment fans cela, le Procureur Général de ces Tribunaux, chargé par état, de s'élever contre les abus qu'on pourroit commettre , en s'arrogeant fauffement la qualité de *Noble* ou *d'Ecuyer*, auroit-il pu prévenir ces abus, où en arrêter les progès ? Ce miniftere augufte & fi important , loin d'être une fonction active & furveillante, n'eut été qu'un emploi purement paffif. Le Magiftrat public, n'auroit été que le fpectateur tranquille de l'oppreffion des contribuables trop peu courageux, ou trop peu fortunés pour ofer fe pourvoir, & réclamer contre des perfonnes accréditées, qui auroient voulu faire retomber fur eux feuls, tout le poid des impofitions Royales.

C'eft dans cette jufte appréhenfion , & pour remédier à de tels inconvénients , que nos Rois ont voulu que les ufurpateurs de la nobleffe, fuffent mulctés d'amendes arbitraires , à la pourfuite du Miniftere public. Nos Livres font pleins de Loix qui renferment pour cet Officier, nonfeulement des pouvoirs , mais encore des ordres très-précis, de veiller à ce que perfonne ne s'arroge fauffement , & au préjudice des autres citoyens , les qualités de *Nobles* , *d'Ecuyers*, ou de privilégiés. Pour fe convaincre de cette vérité importante , il ne faudroit que lire l'Ordonnance d'Orléans, celle de Blois, les Edits de 1551, 52, 53, 55 & 1557. Celui de 1583, & une multitude d'autres Loix, dont le détail feroit trop long. Il eft expreffément porté par l'article 406 de l'Ordonnance de 1629, que les Procureurs Généraux des Cours des Aydes feront de foigneufes recherches des nouveaux Nobles, & que fur leurs pourfuites, ceux des anoblis qui n'auront pas payé aux Paroiffes de leur domicile les indemnités dont ils font tenus, feront impofés à la taille.

Tout le monde connoît l'Edit du mois de Janvier 1634, ce Réglement général, qui contient les difpofitions de tous les précédens Réglemens, & qui a fervi de bafe à tous ceux qui ont fuivi. Par l'article premier de ce Réglement, qui a été adreffé aux Cours des Aydes feulement, & non aux Parlements, il a été ordonné que les ufurpateurs de nobleffe, feroient impofés à la taille, fuivant leurs biens & facultés. Défenfes font faites, par l'article fecond, à tous les Sujets du Roi, d'ufurper la qualité de *Noble*, à peine de deux mille livres d'amende : « Enjoi- » gnons, (eft-il dit, à la fin de cet article,) à nos » Procureurs Généraux & leurs Subftituts, de » faire toutes pourfuites néceffaires contre les » ufurpateurs defdits titres & qualités ».

Voilà donc les Procureurs Généraux des Cours des Aydes bien folemnellement autorifés à la recherche des faux nobles. On voit, d'après ces Réglemens, que ces Officiers publics manqueroient à leur devoir, fi pour mettre en exercice leur miniftere , ils attendoient que l'abus fe fût déjà introduit, & qu'une autre queftion à laquelle l'abus ne feroit qu'incident , leur fournit l'occafion de déployer toute l'autorité que le Prince leur a mis en main. Il veut au contraire ; il ordonne qu'ils faffent de *foigneufes recherches* de ces faux nobles , qu'ils ne négligent aucune *des pourfuites néceffaires contre les ufurpateurs de ces titres & de ces qualité.*

Par une Déclaration du 6 Juillet 1604 , Henri IV , après avoir dit que les Cours des Aydes font les Juges naturels des ufurpateurs de nobleffe , ordonna que les Arrêts rendus par la Cour des Aydes de Rouen , fur la dénonciation , ou à la Requête du Procureur Général , tendante à faire impofer aux tailles , les ufurpateurs de nobleffe , feroient exécutés , fans avoir égard aux défenfes ou furféances que pourroient donner le Parlement de la même Ville. Il fut enjoint au Procureur Général de la Cour des Aydes , de tenir la main à ce que telles ufurpations n'euffent lieu. Il eft remarquable qu'il fût encore enjoint aux Confeillers de la même Cour , marchants par la Province , de s'en informer & d'y pourvoir , à la diligence du Procureur Général.

Sur les remontrances du Parlement de Rouen , préfentées au Roi , au fujet de cette Déclaration , il intervint Arrêt contradictoire au Confeil, entre les députés du Parlement, & ceux de la Cour des Aydes , qui ordonna l'exécution de la Déclaration, & que la Cour des Aydes connoîtroit de la qualité de noble, privativement au Parlement. Décision conforme à l'essence de la juridiction des Cours des Aydes, à leur possession constante, & aux dispositions de toutes les Ordonnances.

Après cela, on dira tant qu'on voudra, que la recherche des faux nobles est un fait d'administration : cela peut-être ; mais rien n'empêche que cette partie d'administration ne puisse être confiée à des Cours érigées à cet effet, & ne soit inhérente aux fonctions qui leur ont été attribuées. C'est ce que l'on voit s'être exécuté à l'égard des Cours des Aydes, que nos Rois ont chargées de la recherche constante & journaliere des faux nobles ; & cette recherche a pour objet d'empêcher que ces faux nobles ne se dérobent aux impositions publiques, & de pourvoir par-là au soulagement des autres contribuables.

Il est vrai que le feu Roi, guidé par des vues encore plus étendues, & voulant arrêter l'effet de l'usurpation de la noblesse, non-seulement par rapport aux impositions Royales, mais encore pour une infinité d'autres motifs, a prescrit en différens tems, une recherche générale des faux nobles ; & c'est dans cette vue, qu'en 1655, 56, 61, 64, 68 & 1696, il fut donné des Déclarations ; & que des Commissions furent établies pour vérifier les titres de ceux qui se prétendoient nobles. Mais la Jurisdiction attribuée à ces Commissions, ne fut & ne put être que passagere & momentanée ; tant qu'elle eût son effet, l'exercice de celle confiée aux Cours des Aydes,

ne fut que fufpendue ; & lorfque ces Commiffions ont été révoquées , les Cours des Aydes
ont repris leurs premieres fonctions ; elles fe font
occupées comme auparavant , de la recherche
des faux nobles , dont les précédentes Ordonnances leur avoient fait un devoir très-rigoureux,
& elles fe font livrées avec zèle , à ces foins ;
parce que la Déclaration du Roi du 8 Octobre
1729 , qui révoque ces Commiffions, n'a fait
aucun changement à cet égard , à leur état & à
leurs fonctions ; & parce que la nature feule des
chofes , & les circonftances de chaque jour, ont
exigé que ces Cours fuffent rétablies dans cet
exercice.

Que la Déclaration de 1729 n'y ait apporté
aucun obftacle ; c'eft ce qui fe juftifie par les dif-
pofitions-mêmes de cette Déclration. « Voulons
» & nous plaît, y eft-il dit , que la recherche
» des ufurpateurs du titre de nobleffe , ordonnée
» par la Déclaration du 4 Septembre 1696, foit
» & demeure finie , à compter du premier Avril
» 1727 ». On n'a donc révoqué que la recherche
prefcrite par la Déclaration de 1696. Recherche
abfolue & générale dans tout le Royaume , pour
laquelle il avoit été établi diverfes Commiffions ,
que le Roi a voulu faire ceffer. A l'égard de la
recherche dont l'objet étoit plus particulier au
fait des tailles , de cette recherche ordinaire &
journaliere , que tant de Loix antérieures, & no-

tamment l'Edit du mois de Janvier 1634, dont nous avons déjà parlé, avoient fi formellement prefcrite aux Procureurs Généraux des Cours des Aydes, & dont l'exercice avoit été interrompu par l'établiffement paffager des Commiffions de 1696 ; il eft évident que le Roi n'a jamais entendu l'abolir ; que la Déclaration de 1729 n'a point dérogé à l'Edit de 1634, n'a introduit aucun droit nouveau, & n'a fait que rétablir les chofes dans l'état où elles étoient avant la Déclaration de 1696 ; c'eft-à-dire, qu'en vertu de la Déclaration de 1729, les Cours des Aydes ont repris l'exercice de la Jurifdiction qui leur avoit été attribuée pour la recherche des faux nobles qui voudroient fe fouftraires aux rôles des tailles.

On ne fçauroit fe diffimuler, pour peu qu'on faffe attention aux termes de la Déclaration de 1729, que les Cours des Aydes n'aient une jurifdiction principale, & non pas feulement incidente pour la recherche des faux nobles. « Voulons, qu'à l'avenir, porte cette Déclaration, que » toutes les conteftations, concernant l'ufurpa-» tion du titre de noblefse, qui furviendront à » l'occafion de la levée des tailles, ou autres im-« pofitions, foient portées en nofdites Cours » des Aydes, chacune dans fon reffort ». Il eft à remarquer que cette Loi, en parlant de *conteftations*, ne diftingue point lorfque la queftion fur la noblefse fera principale, ou feulement incidente ;

dente ; lorſqu'elle aura été agitée ſur la demande des particuliers , ou à la Requête de la Partie publique. Dans tous les cas , c'eſt à la Cour des Aydes à en connoître , par action nouvelle & principale , ſur la pourſuite du Procureur Général ; & par voie d'incident , lorſqu'il a rapport à une conteſtation entre particuliers. C'eſt pour faire voir combien la connoiſſance de ces matieres eſt naturellement de la compétence des Cours des Aydes , que le Roi , par la Déclaration de 1729 , leur a renvoyé chacune dans leur reſſort , toutes les Inſtances ſur la recherche des nobles , qui étoient pendantes devant les Commiſſions établies par la Déclaration de 1696 , & qui étoient reſtées indéciſes au moment que ces Commiſſions ont été ſupprimées.

Il eſt aiſé de voir après cela , que les Adverſaires n'ont pas pu , ſans une fauſſe interprétation de la Déclaration de 1629 , prétendre que cette Loi ait abſolument aboli toute recherche des faux nobles , & que les Cours des Aydes ne puſſent pas les inquiéter ſur leur uſurpation , ſans ſe rendre coupables *d'un attentat caractériſé* , à la ſouveraine puiſſance. Il n'y auroit donc point de Juges de ces uſurpations de nobleſſe , ſi la pourſuite & la connoiſſance en étoient défendues aux Cours des Aydes. Et comment réprimer les entrepriſes des uſurpateurs , ſi les Procureurs Généraux de ces Cours n'avoient pas le droit de les

K

rechercher ? Il dépendroit donc des faux nobles de s'affranchir des Charges de l'Etat, & d'en accabler les autres contribuables.

Ces contribuables ont le droit de s'en plaindre, disent les Adversaires ; ils peuvent même imposer les usurpateurs de noblesse, comme tous les autres taillables ; alors, ces prétendus nobles qui voudront se pourvoir contre cette imposition, seront obligés de justifier de leurs titres de noblesse : par ce moyen, la Cour des Aydes connoîtra incidemment de la légitimité de ces titres ; mais elle n'est point compétente pour en provoquer d'office la vérification.

Et si ces usurpateurs, comme nous l'avons déjà remarqué, sont des gens accrédités ; si à leur opulence est attachée en quelque maniere, l'existence des contribuables infortunés ; si la crainte ou le besoin les intimide ; si enfin, les prétendus nobles parviennent à leur fermer la bouche, comme il ne leur est que trop facile ; le Procureur Général de la Cour des Aydes qui connoîtra ces injustices, les verra donc sans pouvoir y remédier ? Il faudra qu'il contienne les mouvemens de son zèle, & que le malheureux, sans appui, supporte seul tout le fardeau des impositions. De telles maximes ne sçauroient convenir, ni à la sagesse de nos Loix, ni aux soins que prend le Prince du foulagement de ses sujets.

Il est certain, au contraire, comme on vient de le voir, que les Cours des Aydes sont compé-

tentes pour la recherche des faux nobles, surtout dans les choses qui peuvent avoir quelque
rapport aux impositions Royales. La raison, la
justice & la bonne régle demandent que ces Cours
soient autorisées à prendre toutes les précautions,
& à faire tous les Réglemens que peut leur sug-
gérer leur sagesse, pour empêcher qu'on n'abuse
de ces fausses qualités de *Nobles* & d'*Ecuyers*, au
préjudice des autres contribuables. On voit, dans
le Mémorial, sur le fait des tailles, *verbo*, *Noble*,
qu'une personne qui se décore faussement de cette
qualité, peut être inquiétée, recherchée & pour-
suivie par le Procureur Général de la Cour des
Aydes; & l'on trouve dans le même endroit, le
plan de la procédure que ce Magistrat doit faire
en pareil cas.

Envain prétendroit-on que l'incompétence de
la Cour des Aydes de Bordeaux, semble être pré-
jugée par les dispositions de l'Arrêt du Conseil,
auquel les sieurs de Barbot sont opposans, & par
lequel il a été ordonné que les Parties, sur les
contestations jugées par les Arrêts de la Cour
des Aydes, qui ont été cassés, procéderoient au
Conseil, conformément à la Déclaration de
1729.

Il est évident que cette disposition d'Arrêt n'est
qu'une surprise, faite à la Religion du Conseil;
& pour s'en convaincre, il suffit de faire attention, que par cette Déclaration de 1729, le Roi
n'a réservé à son Conseil, que la connoissance

des conteſtations qui pourroient naître comme une ſuite des Jugemens déjà rendus ſur cette matiere, par les Commiſſions établies lors de la Déclaration de 1729, « ſans que noſdites Cours des
» Aydes, porte cette Déclaration, puiſsent pren-
» dre connoiſsance d'aucunes des conteſtations
» qui ont été jugées dans les deux dernieres re-
» cherches, ſoit par des Ordonnances des Com-
» miſsaires départis dans les Provinces de notre
» Royaume ; ſoit par des Jugemens des Commiſ-
» ſaires de notre Conſeil, ou par des Arrêts ren-
» dus en notre Conſeil ; mais ſeront tenues nos
» dites Cours des Aydes, de renvoyer pardevant
» Nous, les conteſtations de ce genre, qui au-
» ront été portées ou renouvellées devant elles ».

On voit qu'à l'exception des conteſtations qui pouvoient naître de l'exécution des Jugemens déjà rendus ſur la nobleſse, ſoit par des Commiſſaires, ſoit par le Conſeil, la connoiſsance de toutes les autres, auxquelles peuvent avoir rapport, les impoſitions publiques, eſt entiérement dévolue aux Cours des Aydes, pour juger par action principale. Or, dans l'eſpéce des ſieurs de Barbot, il ne s'agiſsoit point de Jugement qui eût été rendu par aucune des Commiſſions ; leur état étoit trop connu, & leurs ayeux en jouiſ-ſoient trop notoirement, pour que les Commiſſaires leur ſuſcitaſsent aucune inquiétude. D'où il ſuit que la conteſtation qu'on a fait éprouver aux ſieurs de Barbot, étoit une entrepriſe nouvelle qui ne pouvoit être que de la compétence de la Cour des Aydes.

Cette compétence , en pareil cas , attribuée aux Cour des Aydes , ne sçauroit être plus solemnellement ni plus formellement jugée , qu'elle l'a été par le Conseil , il y a peu de tems , en faveur de la Cour des Aydes de Guyenne ; & voici dans quelle espéce.

Le sieur Bonaventure Rissan , habitant de la Ville de Sainte-Livrade en Agenois , y jouissoit de l'exemption de la taille , par un effet de son crédit & de son ascendant sur les habitans de la Paroisse. Le Procureur Général de la Cour des Aydes de Guyenne , informé de cet abus, fit rendre , par cette Cour , sur son réquisitoire , un Arrêt, le 24 Mars 1759 , par lequel il fut ordonné que , dans le mois , Bonnaventure Rissan rapporteroit ses titres , en vertu desquels il prenoit la qualité d'*Ecuyer* , & s'exemptoit de la collecte & autres charges publiques.

Sur la signification qui lui fut faite de cet Arrêt , à la Requête du Procureur Général , il y forma opposition , en alléguant avoir des piéces , qu'il ne rapportoit cependant point. Second Arrêt du 20 Juin 1759 , qui ordonna l'exécution du premier , & enjoignit au sieur Rissan de rapporter dans trois jours , les piéces dont il entendoit se servir.

Il ne satisfit point à ce second Arrêt. Il en fut rendu un troisieme , le 14 Juillet suivant , par lequel le sieur Bonaventure Rissan , faute d'avoir satisfait à l'Arrêt du 20 Juin précédent , fut déclaré roturier , & avoir indûement pris la qualité d'*Ecuyer* dans plusieurs actes ; il fut ordonné que cette qualité seroit rayée & bifée dans tous les actes, où elle se trouveroit avoir été employée par le sieur Rissan ; & pour l'avoir prise & usurpée , il fut condamné en deux mille livres d'amende ; & au surplus , il fut enjoint aux Consuls de Sainte-Livrade , lieu de sa résidance , de lui faire supporter sa part de toutes les charges publiques auxquelles il étoit tenu comme roturier.

Dans cet état, le sieur Bonaventure Rissan , espérant trouver moins de rigueur au Parlement de Bordeaux , s'y adressa , contre tout principe , par la voie d'intervention , dans une Instance qui s'y étoit liée entre le sieur Claude Rissan son fils, & le sieur Abbé Laborie, dans laquelle le sieur Claude Rissan , répétoit comme noble , la taxe des dépens dont il avoit obtenu la condamnation , & que le sieur Laborie soutenoit ne point lui être dûs sous cette qualité de *Noble*.

Le sieur Bonaventure Rissan , prit des conclusions relativement à sa prétendue Noblesse ; le sieur Laborie lui opposa l'Arrêt de la Cour des Aydes du 14 Juillet 1759, qui l'avoit déclaré roturier , & avoit ordonné qu'il seroit imposé à la taille. Le sieur Bonaventure Rissan, excita le Ministere public du Parlement contre cet Arrêt de la Cour des Aydes , & ne craignit pas , si l'on ose parler ainsi , d'élever autel contre autel. Le Procureur Général du Parlement , fit rendre par cette Cour , sur son réquisitoire un Arrêt le 1^r. Septembre 1759 , par lequel celui de la Cour des Aydes du 14 Juillet précédent , a été cassé. Le prétexte de ce Tribunal étoit pris de ce que selon lui , il n'appartenoit point aux Cours des Aydes , de connoître par action principale , de l'usurpation de Noblesse ; il prétendoit, comme font aujourd'hui les habitans de Mazerac , que ces Cours ne pouvoient connoître de cette matiere , qu'incidemment aux contestations sur le fait des tailles.

Le Procureur Général de la Cour des Aydes de Guyenne , instruit de l'Arrêt du Parlement de Bordeaux , par la publication & affiche qui en avoient été faites avec éclat , s'éleva contre cette entreprise avec zéle ; établit dans un réquisitoire , la compétence de cette Cour pour connoître par action principale , de l'usurpation de Noblesse ; & requit la cassation de l'Arrêt du Parlement , qui fut prononcée par Arrêt du 15 Juillet 1760.

Dans ces circonstances , la contestation d'entre les sieurs Rissan pere & fils, & le sieur Laborie, fut jugée au Parlement de Bordeaux , par Arrêt du 23 Août 1760. Il fut ordonné entre autres choses, que trois jours après la signification de l'Arrêt, le sieur Laborie seroit tenu de remettre au Greffe, un acte par lequel il déclareroit , qu'il tenoit les sieurs Rissan pere & fils, pour des Gentils-hommes.

Le sieur Laborrie s'est pourvu au Conseil contre cet Arrêt, & sur la cassation qu'il en a demandée, il est intervenu Arrêt le 1ʳ. Août 1763, qui a cassé celui du Parlement de Bordeaux, » en ce qu'il portoit, que la qualité de Gentil-» homme seroit insérée dans l'acte, que le » sieur Laborrie avoit été condamné par cet Ar-» rêt, de donner aux sieurs de Rissan pere & » fils, a ordonné que ladite qualité seroit re-» tranchée dudit acte, & que l'Arrêt seroit » au surplus exécuté ».

L'Arrêt du Conseil en cassant ainsi celui du Parlement de Bordeaux, a maintenu l'exécution de celui de la Cour des Aydes du 14 Juillet 1759, qui avoit déclaré le sieur Rissan roturier, & cela, quoique cette Cour eût jugé par action nouvelle & principale; malgré la résistance du Parlement, & nonobstant les efforts du Procureur Général de cette même Cour, pour faire penser que la Cour des Aydes ne pouvoit connoître de l'usurpation de Noblesse, qu'incidemment.

C'est en vertu de cette compétence attribuée aux Cours des Aydes, au sujet de la vérification des titres de Noblesse, que la Cour des Aydes de Guyenne a fait sur cette matiere, comme sur d'autres qui lui sont soumises, différens Réglemens, & notamment celui du 27

Juillet

Juillet 1754, contre lequel se sont élevés les Adversaires avec si peu d'égards, & avec tant de liberté. Ce Réglement n'est point, comme ils ont voulu le faire entendre, une recherche générale des faux Nobles, il n'a ni les mêmes principes, ni les mêmes vues, ni la même exécution. On s'y propose seulement d'empêcher qu'un non-privilégié, ou une personne qui n'est pas Noble, ne puisse sous ces fausses qualités, se souftraire au rôle des tailles : & pour parvenir à une fin aussi importante, la Cour des Aydes force ses Justiciables se prétendans Nobles, de justifier devant elle, de leur qualité ; faute de quoi, elle ordonne qu'ils soient imposés. Mais dans cette vérification de Noblesse, cette Cour ne charge point ceux qui y succombent, comme dans les recherches générales, de la qualification odieuse d'usurpateurs ; elle ne prononce pas non plus d'amende contre eux ; elle se borne à les déclarer contribuables, & à ordonner qu'ils soient imposés. Est-il donc possible de trouver rien de blâmable dans ce Réglement ? & si l'on fait attention à la procédure qu'on y a préscrite pour son exécution, on ne pourra s'empêcher de louer la prudence, la sagesse & le zéle des Magistrats qui s'en sont occupés.

A l'égard de la compétence de la même Cour, lors de son Arrêt du 21 Février 1761, on voit qu'on ne sçauroit raisonnablement la lui con-

Compétence de la Cour des Aydes, lors de son Arrêt 21 Février 1761.

L

tefter. Cet Arrêt n'eft que l'exécution du Réglement de 1754; la Cour des Aydes conféquemment n'a pas pu être moins compétente, dans un
cas que dans l'autre. Cette Cour en rendant cet Arrêt, n'a point bleffé les principes d'adminiftration
en fait de Nobleffe; elle n'a fait que vérifier les
titres des fieurs deBarbot, reconnoître leur état de
Nobles, & les y maintenir. Il falloit que les fieurs
de Barbot paffaffent par cette épreuve, pour
jouir des priviléges attribués à la Nobleffe; le
Réglement de 1754, leur avoit fait une loi de
cette formalité.

Nous ne finirions point, fi nous entreprenions
de réfuter tous les faux raifonnemens dans lefquels fe font jettés les Adverfaires, au fujet de
ces Arrêts de 1754 & 1761. Par le premier,
difent-ils, la Cour des Aydes, loin de prévenir
l'ufurpation de la qualité de Nobles, ouvre la
voie *aux rufes, aux intrigues & aux manœuvres*,
pour favorifer cette ufurpation, puifqu'en or-
donnant aux prétendus Nobles, de repréfenter
leurs titres, elle ne leur donne point de contra-
dicteur qui ait un intérêt directe, de le faire déclarer ufurpateur.

Outre que le Procureur Général, qui eft certainement incapable *d'intrigues, de rufes & de manœuvres*, oppofe toujours dans ces matieres, une
contradiction réguliere, éclairé & légitime; les
habitans des Communautés à qui le Réglement
ordonne, que la Requête & les piéces du pré-

tendu Noble foient communiquées, n'ont-ils pas un intérêt direct à défendre à cette Requête?

Si l'on en croit les habitans de Mazerac, l'Arrêt de la Cour des Aydes de 1761, préfente l'abus le plus frappant & le plus fcandaleux de l'autorité confiée à cette Cour. Le fieur Barbot de Larcis, difent-ils, étoit impofé à la taille, dans le rôle de Saint-Emillion, en 1760, s'il avoit été Gentilhomme, injurié par cette impofition, il auroit fait affigner les Collecteurs en l'Election, pour voir ordonner la radiation de cette cotte; & en cas d'appel, il les auroit pourfuivis en la Cour des Aydes, pour faire effacer jufqu'au moindre veftige, d'une infulte auffi grave; mais le fieur Barbot craignant de voir fa demande combattue par les habitans, prend le parti de préfenter tout-à-coup fa Requête à la Cour des Aydes, fans dire un feul mot de fon impofition; il fe contente d'une déclaration de quelques particuliers, & n'ofe faire affembler la Communauté; la fraude & la furprife, concluent avec témérité, les habitans de Mazerac, ne peuvent pas fe montrer plus à découvert.

Difcuffion du troifiéme moyen de caffation, où l'on a prétendu que c'étoit à l'Election, & non pas à la Cour des Aydes, que le fieur de Barbot de Larcis devoit fe pourvoir lors de fon impofition à la taille de 1760.

L'impofition du fieur de Barbot de Larcis en 1760, étoit moins une injure de la part de quelques-uns des habitans de Saint-Martin de Mazerac, qu'une marque de leur animo-

REPONSE.

fité. Il n'avoit pas fait vérifier fes titres de Nobleffe à la Cour des Aydes, aux termes du Réglement de 1754 ; & faute d'avoir rempli cette
formalité, il pouvoit, comme tout autre Gentilhomme en pareille cas, être impofé à la taille.
Ces habitans le fçavoient, ils furent bien aife
de lui donner cette mortification. Mais, ce n'é-
toit point à l'Election qu'il devoit fe pourvoir
contre cette impofition, qui pour le moment
étoit réguliere & autorifée ; il falloit s'adrefler
au Tribunal d'où émanoit le Réglement qui im-
pofoit la peine ; c'eût été contrevenir à ce Réglement, que de recourir à l'Election : l'article
premier porte, que ceux qui fe prétendent Nobles , & qui auront été impofés à la taille, faute
d'avoir fait la remife & repréfentation de leurs
titres de Nobleffe , en exécution des Réglemens
de la Cour, feront tenus d'y préfenter leur Requête avec les pieces juftificatives d'icelle. C'eft
le parti qu'a pris & dû prendre le fieur de Barbot de Larcis. Si dans la Requête qu'il a préfentée à la Cour des Aydes, en vérification de
fes titres, il n'a pas fait mention de fon impofition à la taille, ce n'eft point qu'il craignît
que les habitans de Saint-Emillion foutinflent
cette impofition, puifque la Requête devant
leur être communiquée, ils avoient toute la liberté de dire, tout ce qu'ils jugeroient à propos
au fujet de l'impofition. Le fieur de Barbot n'en
a pas parlé dans fa Requête, parce que c'eût

été abſolument inutile ; qu'il ne s'agiſſoit que de vérifier ſes titres, & de le maintenir dans ſon état de Noble d'extraction ; avec cet Arrêt de vérification, il étoit bien aſſuré qu'on l'ôteroit de deſſus le rôle des tailles ; c'eſt auſſi la juſtice qu'on lui a rendue tout de ſuite.

Il n'en a pas été de même, lorſque les Adverſaires ont méconnu depuis le privilége du ſieur de Barbot de Larcis, & qu'ils n'ont pas craint de l'impoſer dans la perſonne de Laveau, ſon valet ; muni de l'Arrêt de vérification de ſes titres de Nobleſſe, il a attaqué cette ſeconde impoſition par les voies ordinaires ; c'eſt à l'Election qu'il a eû recours, & il y a fait caſſer ſa cottiſation, ou celle de ſon valet.

Les Magiſtrats ne manqueront pas de découvrir dans le raiſonnement que nous venons de réfuter, une contradiction bien frappante. Les Adverſaires ont reproché avec efforts au ſieur de Barbot de Larcis, de n'avoir pas fait mention de ſon impoſition à la taille, dans ſa Requête préſentée à la Cour des Aydes, pour faire vérifier ſes titres de Nobleſſe ; & dans le même endroit, il ſe ſont fait un prétendu moyen de caſſation, de ce que la Cour des Aydes en ſtatuant ſur cette Requête, par ſon Arrêt du 21 Février 1761 , a connu en premiere & derniere inſtance de cette impoſition du ſieur de Barbot : s'il n'a pas été parlé d'impoſition à la taille, dans la Requête préſentée à la Cour des Aydes, comment peut-on reprocher à cette Cour, d'avoir connu de cette impofition, en premiere & derniere inftance ? Du refte, ce n'eft pas la feule contradiction que les Adverfaires nous ont fourni l'occafion de relever dans cette Inftance , fi nous euffions penfé que cela en valût la peine.

Dans le fait , la Cour des Aydes lors de fon Arrêt de 1761 , n'a point connu de l'impofition du fieur de Barbot; elle ne s'eft occupée que de l'exécution de fon Réglement de 1754, en vérifiant les titres de nobleffe des fieurs de Barbot.

D'un autre côté, quand il eût été queftion de l'impofition du fieur de Barbot de Larcis, & que les Juges euffent eu à y ftatuer, il eft conftant qu'il eût pu s'adreffer à la Cour des Aydes en premiere Inftance : c'eft la modification de l'Arrêt d'enrégiftrement à la Cour des Aydes, de la Déclaration du 12 Février 1663. On voit en marge de cet Arrêt rapporté dans le code des tailles , une notte, qui porte que les dernieres Lettres de Juffion n'ayant rien ftatué fur cette modification, l'ufage eft que les Nobles inquiétés pour la taille, peuvent fe pourvoir directement à la Cour des Aydes.

Les habitans de Saint-Martin de Mazerac, accoutumés à déguifer la vérité dans la plupart des faits qu'ils alleguent, l'ont fenfiblement bleffée, lorfqu'ils ont ofé avancer que le fieur de Barbot de Larcis, craignant d'être contredit par les habitans de Saint-Emillion , lors de la com-

munication qui leur a été donnée de fa Requête
& des pieces juftificatives, n'a pas ofé faire affembler la Communauté. Nous avons déjà fait
voir dans la juftification des fais, que cette Communauté avoit été convoquée en la maniere accoutumée, *par billets & au fon de la cloche*, ainfi
que cela eft attefté par l'acte de délibération prife
à ce fujet, le 31 Décembre 1760 : il eft donc
faux que le fieur de Barbot n'ait pas fait affembler cette Communauté.

La Cour des Aydes, dit-on, étoit fans compétence pour connoître en premiere & derniere
Inftance de la queftion de nobleffe des fieurs de
Barbot; elle ne pouvoit en connoître que par
la voie de l'appel.

Le dernier état du fieur de Barbot de Larcis
au moment où pour la premiere fois on l'avoit
impofé à la taille à Saint-Emillion, étoit l'état
d'un Gentilhomme, à qui la Cour des Aydes,
dont il eft jufticiable, avoit impofé la néceffité, par fon Réglement de 1754, de juftifier
devant elle de fes titres de nobleffe, & de lui
préfenter une Requête avec les piéces juftificatives, dans le cas où faute de cette juftification de fes titres, il auroit été impofé à la taille.
Dans cette pofitition pour que la Cour des Aydes
ne pût connoître que par la voie de l'appel, de la
demande du fieur de Barbot de Larcis, il eut
fallu qu'il eût d'abord porté devant l'Election,

cette même demande, qui n'avoit d'autre objet que de faire vérifier ſes titres de nobleſſe, & de ſe faire maintenir dans ſon état de noble d'ex-traction. Peut-on dire que ce Siége de l'Election eût été compétent pour procéder à cette vérifi-cation de titres, & à cette maintenue, qui ne peu-vent évidemment regarder qu'une Cour Souve-veraine ? D'ailleurs, le ſieur de Barbot ſeroit con-trevenu au Réglement de la Cour des Aydes, qui lui avoit elle-même tracé la voie, & preſcrit les procédures qu'il devoit faire.

Il eſt un autre prétendu moyen de caſſation employé par les Adverſaires, auquel nous avons déjà répondu dans la juſtification des faits & de la procédure : il conſiſte à dire que l'Arrêt du 21 Février 1761, eſt nul & irrégulier, parce qu'il n'y eſt fait mention que des Concluſions du Procureur Général, & qu'il n'y eſt pas dit un mot du conſentement des habitans de Saint-Emillion & de Coutras, avec leſquels cependant il avoit été ordonné que les faits de généalogie des ſieurs de Barbot ſeroient articulés.

La ſeule lecture de l'Arrêt, comme nous l'a-vons déjà remarqué, répond à cette allégation : on y a viſé les délibérations des deux Commu-nautés, comme les Concluſions du Miniſtere pu-blic : d'où il ſuit que l'objection porte à faux.

Pour ſixieme & dernier moyen de caſſation,
les

les Adverſaires ont prétendu que l'Arrêt de la Cour des Aydes, du 5 Septembre 1765, confirmatif de la Sentence de l'Election du 17 Mai 1763, qui avoit déclaré nulle la cottiſation de Laveau, valet du ſieur de Barbot de Larcis, étoit contrevenu à la Déclaration du 12 Février 1663, qui défend aux Nobles, ou privilégiés, de ſe ſervir, pour faire valoir leurs terres, de gens qui aient été compris aux rôles des tailles.

L'objet de cette Déclaration eſt d'empêcher que le Roi ne perde aucun taillable; or cet objet eſt rempli par la Sentence de l'Election, puiſqu'elle a ordonné que Laveau, qui avoit été bordier du ſieur de Barbot de Larcis, pourroit être impoſé ſoit comme valet, ſoit comme poſſeſſeur d'autres biens, s'il en avoit.

Au ſurplus, les Adverſaires ont très-mal entendu le vrai ſens de la Déclaration de 1663, dont ils argumentent : c'eſt le reproche que leur en a fait lui-même l'Inſpecteur-Général du Domaine. Les ſieurs de Barbot emploient tout ce qu'il a dit à ce ſujet, dans ſa Requête, pour éviter autant qu'il eſt poſſible les longueurs & les répétitions.

Nous conclurons avec lui que les habitans de Saint-Martin de Mazerac, ſi ouvertement non-recevables dans leur demande en caſſation des Arrêts de la Cour des Aydes, y ſont également mal-fondés. Ces Arrêts ne renferment aucune des irrégularités, ni des contraventions que les

Adverfaires leur reprochent : ils n'ont point attribué aux fieurs de Barbot de Larcis, une nobleffe qu'ils n'euffent pas ; ils n'ont fait que vérifier celle qui fe trouve, depuis plufieurs fiecles, dans cette famille. La Cour des Aydes n'a point jugé fans compétence, puifque les Reglemens l'autorifent à la recherche des faux Nobles, lorfqu'il s'agit de leur faire fubir la Loi des impofitions Royales. Enfin, cette Cour n'a point fouftrait un taillable au Roi, dans la perfonne du nommé Laveau, valet du fieur Barbot de Larcis, puifque la Sentence de l'Election, confirmée par l'Arrêt attaqué, a ordonné que ce particulier pourroit être impofé pour fes autres biens, s'il en avoit, & même en fa qualité de valet.

Les habitans de Mazerac, mettant peu de confiance dans leurs prétendus moyens de droit, fe font retournés du côté des confidérations ; & celles qu'ils ont tenté de faire valoir, nous offrent une nouvelle preuve que les déguifemens & la fauffeté ne leur coûtent rien. La famille des fieurs de Barbot, ont-ils dit, eft extrêmement nombreufe ; fi les Arrêts, dont il s'agit, fubfiftoient, les habitans de Mazerac, & ceux des Paroiffes voifines, feroient innondés d'une foule de faux Nobles qui jouiroient de l'exemption des impofitions, & qui en feroient retomber tout le poid fur les malheureux cultivateurs.

Cette famille des fieurs de Barbot, fi multipliée & fi nombreufe, fe réduit uniquement à eux ; encore l'aîné eft-il garçon : s'il y a quelques autres perfonnes de leur nom dans la Province, ou ils ne font pas de leurs parens, ou ils fe trouvent dans quelques anciennes lignes collatérales qui ont dérogé : aucun d'eux n'a jamais prétendu, ni réclamé la Nobleffe. Les fieurs de Barbot, Parties dans l'Inftance, font les feuls en droit d'y être maintenus, comme étant dans la ligne directe à laquelle il n'y a point de dérogeance à imputer, & qui s'eft toujours confervée dans fa plus grande pureté, ainfi qu'on le verra dans un inftant ; il n'y auroit donc point à craindre que tout le Pays fût innondé de réclamans.

TROISIEME PARTIE.

Preuves de la Nobleffe d'extraction des fieurs de Barbot.

Nous l'avons déja remarqué ; l'Infpecteur-Général du Domaine, furpris lors de la communication qui lui fut donnée de la Requête des Adverfaires, par les titres vicieux qu'ils y avoient joints, par une multitude de fauffetés qu'ils avoient alléguées, & par la confufion & la mauvaife application qu'ils avoient faites de certains faits de dérogeance, s'eft cru forcé d'attaquer les

fieurs de Barbot dans leur état de Nobles &
d'Ecuyers. Avant d'entrer dans l'examen de ce
qu'il leur a oppofé, il eft néceffaire de préfenter les preuves de leur nobleffe ; c'eft ce que
nous allons faire par l'expofition de leur généalogie.

La bataille d'Aignadel excita la jaloufie du
Pape Jules fecond, contre Louis XII ; & le
Pontife fit, en 1510, une ligue contre ce Prince,
avec Ferdinand le Catholique, avec Henri VIII,
Roi d'Angleterre, & avec les Suiffes & les Vé-
nitiens. Cette puiffante Confédération mena-
çoit d'écrafer la France. Le Roi mit auffitôt
fes troupes en mouvement. C'eft dans une des
marches qu'il leur fit faire, que Jofeph de Barbot, Ecuyer, fieur de Patruault, Capitaine-Commandant d'une Compagnie au Regiment de Picardie, fit un Acte qui eft le premier que fa
poftérité ait pu recueillir pour juftifier de la nobleffe de fon extraction.

Cet Acte eft un teftament. Quand il n'offri-
roit pas la preuve littérale, que Jofeph de Barbot étoit Noble, on ne fçauroit en douter après
avoir lu les fentimens qui y regnent ; tout y
annonce le caractere de la plus belle ame. Il
alloit courir une carriere périlleufe ; fi la mort
vient l'y frapper, il regarde comme une faveur
qu'on veuille bien fe charger de fon bagage. En
portant enfuite fes regards fur fa femme qui
étoit de la Maifon de Guilleragues, & fur fon

fils; il accorde à la mere, l'usufruit de ses biens, & laprie de vouloir bien faire instruire leur fils *selon leur condition*. Certes, les gens ordinaires ne parlent point ainsi de l'éducation de leurs enfans. Ce n'est pas par ce seul trait que Joseph de Barbot décéle ici sa Noblesse. Le sort futur de son fils l'inquiete : il indique à sa femme les arrangemens qu'elle pourra prendre lors du mariage d'un fils si cher, *s'il trouve un parti sortable ;* & tous ces arrangemens sont de la nature de ceux que prennent ordinairement, en pareiles circonstances, les personnes de qualité pour soutenir l'honneur de leur Maison.

On ne craint donc point de le dire ; il suffit de jeter les yeux sur ce testament, pour voir qu'il n'a été fait que par un homme qui avoit puisé sa maniere de penser dans le sein d'une Noblesse déja ancienne, & qui s'étoit perpétuée jusqu'à lui avec la même élévation de sentiment. Ce titre précieux est du 20 Mars 1510, Joseph de Barbot le fit à Corme-Royal en allant combattre pour son Roi & pour sa Patrie : il le déposa, le 21 du même mois, au Notaire du lieu, par un Acte où il prit la qualité d'*Ecuyer, sieur de Putruault,* & de Capitaine-Commandant une Compagnie dans le Regiment de Picardie.

C'est de ce grand & vertueux militaire que descendent, en ligne directe, les sieurs de Barbot. Combien de Maisons tiennent aujourd'hui un rang diftingué parmi la Nobleffe du Royaume, & qui cependant ne pourroient pas prouver une auffi belle & auffi ancienne origine ?

Le long intervale qui fépare Jofeph de Barbot des fieurs de Barbot, Expofans, a été rempli :

1°. Par Robert de Barbot, fils de Jofeph, & de Marguerite de la Vergne.

2°. Par Jean de Barbot, premier du nom, fils de Robert, & de Catherine Guillebault.

3°. Par Jean de Barbot, fecond du nom, fils du précédent, & de Renée Jaumart.

4°. Par Pierre de Barbot, fieur de Goujonville, fils de Jean de Barbot, fecond du nom, & de Marie de Boireau, fa feconde femme.

5°. Par Jean de Barbot, troifieme du nom, fieur de Fonbonne, fils de Pierre, & d'Izabeau de Richon.

Viennent les fieurs de Barbot Expofans, fes fils, & de Marie de Richon.

Il faut parcourir ces différentes générations.

PREMIERE GÉNÉRATION.

ROBERT DE BARBOT.

Le fils de Jofeph de Barbot, ce brave Militaire, ne pouvoit fûrement être que noble; car il n'y a point de doute fur la nobleffe d'extraction, elle paffe du pere au fils avec les principes de vie qu'il lui communique ; ce fils eft créé noble, il naît noble.

Or, Robert de Barbot étoit-il fils de Joseph ? Ce seul point de fait décide sa noblesse ; & il est prouvé par le contrat de mariage de ce Robert avec Marguerite Guillebault, en date du 13 Novembre 1519 ; il s'y est qualifié *de Noble*, d'*Ecuyer*, & de fils naturel & légitime de feu *Noble* Joseph de Barbot, *Ecuyer*, Sieur de Putruault, & de feue Marguerite de la Vergne. La noblesse du fils se trouve ainsi constatée en même tems que sa filiation.

SECONDE GÉNÉRATION.

JEAN DE BARBOT, *premier du nom.*

Jean de Barbot, premier du nom, étoit-il fils de Robert ? C'est encore dans cette circonstance qu'il faut chercher s'il a été noble. Il épousa Renée Jaumart ; leur contrat de mariage du 30 Mars 1570, exprime qu'il étoit fils naturel & légitime de Robert de Barbot, & de Catherine Guillebaud : la noblesse d'extraction de son grand-pere lui avoit par conséquent été transmise : il prend d'ailleurs dans son contrat de mariage, la qualité de *Noble* & d'*Ecuyer*. Il jouissoit même d'un tel degré de considération, qu'il n'est jamais nommé dans ce contrat, que ce ne soit avec l'épithete distinguée de *Seigneur*.

TROISIEME GÉNÉRATION.

JEAN DE BARBOT, *second du nom*.

A la diftinction qu'il tenoit de fa naiffance, il joignit des talens qui lui acquirent une célébrité dont le Barreau n'a point encore perdu la mémoire à Bordeaux. Il étoit Avocat au Parlement de cette Ville ; il eut un frere, Romain de Barbot, Chanoine-Aumonier du Chapitre de Saint-Emillion, Commandeur de Saint Antoine, & qui, appellé en 1624 au Concile de Bordeaux, s'y diftingua, & y acquit de la célébrité. Tous deux fils de Jean de Barbot, premier du nom, & de Renée Jaumart, jouiffoient certainement bien de la nobleffe ; mais on conçoit qu'il n'y eût que Jean qui continua la filiation. Par lui la famille fe partagea en deux branches ; la branche aînée a donné à la Magiftrature une fuite d'hommes recommandables, & c'eft dans le fein de la branche cadette, que les Expofans ont pris naiffance.

Ce Jean de Barbot, fecond du nom, fe maria deux fois ; la premiere avec Françoife de Mercier, & la feconde avec Marie de Boireau : il eut de chacune de ces deux femmes un fils, qui furent les chefs des deux branches dans lefquelles fe divifa la famille.

Mais les Expofans prouvent-ils que Jean de Barbot,

Barbot, fecond du nom, étoit réellement fils de Jean de Barbot, premier du nom, & de Renée Jaumart, & que par conféquent la nobleffe de Jofeph de Barbot qui forme la fouche primitive lui avoit paffé par les deux générations qui le féparoient de lui ? Les Expofans rapportent fes deux contrats de mariage des 20 Mars 1611, & 10 Août 1630; l'un & l'autre portent, qu'il étoit fils de Jean de Barbot, & de Renée Jaumart ; par-là fa filiation eft prouvée : dans les deux actes, il prend la qualité de *Noble Jean de Barbot, Ecuyer, Seigneur, Baron de Putruault, & de Saint-Georges*, Avocat au Parlement : par cette qualité d'*Ecuyer*, fa nobleffe fe trouve conftatée.

L'on doit remarquer dans l'un & l'autre de ces contrats de mariage, les perfonnes avec lefquelles il contractoit alliance. Françoife de Mercier appartenoit à ce qu'il y avoit de mieux dans la Province; Meffire Jean de Martin, Confeiller du Roi, Tréforier Général de France en Guyenne ; Meffire Pierre de Martin, Receveur Général des Fi nances de la même Généralité ; Meffire Raymond de Martin, Confeiller du Roi, fon Maître-d'Hôtel ordinaire; Meffire Mathieu de Martin de Laubardemon, Audiencier en la Chancellerie de Bordeaux ; Meffire Roch Dalefme, Confeiller au Parlement de Bordeaux ; Meffire Pierre de Chefnault, Confeiller & Procureur du Roi en la Sénéchauffée de Guyenne ; Meffire Grimond de

N

l'Eſtenac, Écuyer, Seigneur de Liſle ; Meſſire Raymond de Martin , Seigneur, Abbé Commendataire de l'Abbaye de Fayze : tous étoient les oncles, les couſins de la premiere femme qu'épouſa Jean de Barbot.

Marie Boireau , ſa ſeconde femme , n'étoit pas moins bien née ; elle étoit veuve de Meſſire Hervé Pipaud , Conſeiller du Roi , Lieutenant Général en la Sénéchauſſée de Guyenne & Bazadois : & l'on a connu dans la famille de cette Boireau , un Conſeiller en la Cour des Aydes de Bordeaux , & un Capitaine au Régiment de Montauzier ; l'un & l'autre étoient ſes freres ; & un Conſeiller au Parlement , ſon neveu. Il eſt à remarquer que de ſon mariage avec le ſieur Hervé Pipaud , Marie Boireau eut deux filles, Marie , & Charlotte.

Les Expoſans ſçavent très-bien que ce n'eſt pas l'illuſtration des femmes qui conſtitue la nobleſſe des maris ; auſſi ne rapportent-ils ces circonſtances que par obſervation, & pour marquer ſeulement que leurs ancêtres étoient d'un rang à pouvoir prétendre aux alliances les plus diſtinguées de la Province.

Jean de Barbot, ſecond du nom, eut un fils, comme nous l'avons déja obſervé, de chacune de ſes deux femmes : celui du premier lit, fut Jean de Barbot, Avocat & Jurat de Bordeaux, ayeul du Magiſtrat de ce nom , qui n'a pas moins acquis de gloire dans la République des

Lettres, que dans le Tribunal dont il fut l'or-
nement, & que la mort vient de nous enlever. Le fils du second lit fut Pierre de Barbot,
Seigneur de Goujonville : c'est celui dont il va
être question.

QUATRIEME GÉNÉRATION.

*Pierre de Barbot, Seigneur de Goujonville,
chef de la branche cadette.*

Le fils d'un Noble d'extraction, étoit certainement bien noble lui-même. Or, Pierre de
Barbot de Goujonville étoit fils de Jean de Barbot second, & de sa seconde femme Marie de
Boireau ; il étoit donc noble, & cette filiation
se prouve par son contrat de mariage avec Isabeau de Richon, du 5 de Janvier 1667. Voici
les qualités qu'il prend, & qui justifient tout-à-
la-fois sa filiation & sa noblesse : *Messire* Pierre
de Barbot, Sieur de Goujonville, fils naturel &
légitime de feu *Noble* Jean de Barbot, Avocat au
Parlement, *Baron* de Saint-Georges & de Putruault, & de Marie Boireau.

CINQUIEME GÉNÉRATION.

*Jean de Barbot, troisieme du nom,
Sieur de Fonbonne.*

Il y a le même raisonnement à faire sur cette

génération, que sur les précédentes. Si Pierre de Barbot de Goujonville étoit noble, & noble d'extraction, il n'est pas douteux que ses enfans n'aient aussi été nobles. Or, Jean de Barbot, troisieme du nom, Sieur de Fonbonne, étoit fils de Pierre, cela se prouve par son contrat de mariage avec Marie de Richon, sa parente, qui étoit de la même Maison que les sieurs de Richon Monfavier, Conseillers au Parlement de Guyenne, & dont la noblesse est des plus anciennes de la Province. Ce contrat de mariage est du 12 Décembre 1716 : il s'y qualifie d'*Ecuyer*, Sieur de Fonbonne, fils naturel & légitime de Pierre de Barbot, aussi *Ecuyer*, Sieur de Goujonville, & de feue Isabeau de Richon, *Demoiselle*.

Les Exposans sont nés de ce mariage : ils sont donc nobles aussi : & quelle est la noblesse dont ils jouissent ? C'est celle de Joseph de Barbot, qui, dès 1510, se perdoit dans l'obscurité des tems antérieurs.

Ainsi, c'est peut-être de la noblesse la plus ancienne & la mieux prouvée, que les Adversaires ont entrepris de renverser l'existence. Nous allons examiner les objections qu'ils nous ont faites.

Nous avons déja fait voir que les habitans de Saint-Martin de Mazerac sont absolument non-recevables à attaquer la noblesse des Exposans, puisqu'elle a été jugée avec eux, qu'ils

l'ont folemnellement & judiciairement reconnue , & qu'ils n'ont ni action , ni miſſion , ni
pouvoir pour élever la moindre conteſtation
ſur cet objet. L'Inſpecteur Général des Domaines
de la Couronne eſt ici la ſeule Partie légitime :
les Expoſans , en bonne regle , n'auroient d'autres moyens à combattre que les ſiens. On voit
par ſa Requête du 20 Novembre dernier , qu'il
n'a pas cru pouvoir conteſter la généalogie des
Supplians. Il convient qu'ils deſcendent de ce
Joſeph de Barbot, Sieur du Putruault, Capitaine-
Commandant une Compagnie dans le Régiment
de Picardie : il ne déſavoue point que ce Joſeph
de Barbot n'ait pris & n'ait eu raiſon de prendre
la qualité d'*Ecuyer* par ſon teſtament de 1510 :
que cette qualité ne ſe ſoit perpétuée ſans
tache , dans les deux générations ſuivantes :
c'eſt par mépriſe qu'il n'y a pas ajouté la troi-
ſieme , puiſqu'il ne fait éclipſer cette qualité de
Noble que ſur la tête de Pierre de Barbot de
Goujonville , ayeul des Expoſans , & qui forme
la quatrieme génération. Ce n'eſt pas que ce
Pierre de Barbot de Goujonville n'ait auſſi fait
uſage de la qualité de *Noble* & d'*Ecuyer* : ſon
contrat de mariage atteſte qu'il l'a priſe ; & il
eſt prouvé par d'autres actes qu'elle lui a été
donnée : c'eſt parce que lui-même, dit l'Inſpecteur Général , y a dérogé. Et cette prétendue
dérogeance, continue-t-on , eſt marquée par
trois faits particuliers ; 1°. d'avoir été Cottiſa-

teur & Receveur des impofitions publiques ; 2°. d'avoir lui-même plufieurs fois été mis à la taille ; 3°. d'avoir été Fermier judiciaire. Encore l'Infpecteur Général reconnoît-il que de ces trois faits, il n'y a que le dernier qui foit dérogeant, les deux autres ne font ni une preuve de dérogeance ni de roture, ils n'en font que la conféquence. Il devoit ajouter que cette conféquence n'eft ni infaillible, ni indifpenfable, puifque la dérogeance ou la roture ne fçauroient être prouvées par elle ; enfin l'Infpecteur Général du Domaine ajoute comme une autre conféquence qui n'eft pas plus infaillible que la premiere, une condamnation portée fur la tête de Denis-Romain Barbot, frere de Pierre de Goujonville, comme ufurpateur de nobleffe.

Voilà à quoi fe réduifent toutes les objections que l'Infpecteur Général a propofées. Les Expofans, encore un coup, devroient n'avoir à défendre qu'à ces objections, puifque les habitans de Mazerac font non-recevables à en préfenter de leur part. Ces Particuliers en hafardent néanmoins, & en foule : les Expofans ne dédaigneront pas d'y répondre, pour avoir l'avantage de faire éclater fous tous les points de vues poffibles, la folidité de leurs moyens, & la bonté de leur Caufe. Et comme les habitans de Mazerac ont auffi fait ufage des moyens employés par l'Infpecteur Général, les Expofans combattront les uns & les autres à la fois, & par les mêmes raifons.

L'état des Expofans, comme on vient de le voir, eft une noblefle d'extraction, & fi ancienne, que l'origine s'en perd. La meilleure preuve qu'ils puiflent donc donner de cette noblefle, c'eft la poffeffion qu'ils en ont, elle eft conftante, fuivie & fans altération. Les habitans de Saint-Martin de Mazerac attaquent cette poffeffion ; mais avant de s'y engager, ils oppofent aux Expofans une fin de non-recevoir dans leur demande afin d'être maintenus dans leur noblefle d'extraction.

FIN DE NON-RECEVOIR

oppofée par les habitans de Saint-Martin de Mazerac.

Denis-Romain de Barbot, difent les Adverfaires, qui étoit frere de Pierre de Barbot de Goujonville votre aycul, a éprouvé le 12 Avril 1667, comme ufurpateur de noblefle, une condamnation d'amende de 174 liv. Ce Jugement qui n'a jamais été attaqué, forme une preuve fuffifante de la roture de votre famille ; & tant qu'elle fubfiftera, vous ferez non-recevables à demander d'être déclarés Gentilshommes.

RÉPONSE.

Les Adverfaires ne rapportent point ce prétendu Jugement ; il feroit cependant bien important, s'il exiſte, ou s'il a jamais été rendu, d'en connoître les diſpoſitions, même les termes dans leſquels elles ſont conçues. Il ſe trouve ſimplement énoncé dans un rôle des amendes que les Adverſaires produiſent, & qui paroît avoir été arrêté au Conſeil, contre tous les faux nobles qu'on avoit pourſuivis dans une recherche générale, & qu'on avoit condamnés ſous le titre d'uſurpateurs de la qualité de *Nobles* ou d'*Ecuyers*.

Dans ce rôle des amendes, on trouve, à la vérité, un article qui concerne Denis-Romain Barbot : voici les termes de cet article. « Denis-» Romain Barbot, habitant de Saint-Emillion, » condamné par Jugement dudit ſieur Pellot, du » 12 Avril 1667, pour avoir induement pris & » uſurpé la qualité d'Ecuyer, de laquelle il s'eſt » volontairement déſiſté, payera la ſomme » de.....»

La ſomme eſt en blanc ; ce ne doit être qu'un projet de condamnation, dont Denis-Romain aura prévenu l'effet, par la juſtification de ſes titres : ce qui paroîtra d'autant plus vraiſemblable, que le Jugement du ſieur Pellot, auquel cet article du rôle des amendes doit être relatif, n'eſt point produit, & ne pourroit l'être qu'avec quelques lacunes ſemblables, qui n'annonceroient auſſi qu'un projet de Jugement.

Mais en ſuppoſant que ce Jugement exiſtât, & qu'il contínt une déciſion poſitive, les Expoſans ne ſeroient pas forcés de l'attaquer s'ils ne le

vouloient

vouloient. On n'est obligé d'attaquer que les Jugemens qui nous sont personnels ; or , celui que
l'on dit avoir été porté contre Denis-Romain
Barbot , n'est personnel à aucun de ceux dont
descendent les Exposans en ligne directe ; & l'on
doit regarder comme étranger à cette ligne, tout
ce qui se passe dans la collatérale : il n'est pas possible de douter de ce principe, sans renverser les
familles les plus illustres, & qui se montrent avec
le plus d'éclat. Cependant , pour ne rien négliger, les Exposans ont pris le parti de former une
tierce-opposition à ce prétendu Jugement , en ce
qu'on voudroit contre toute vérité , en induire
que les Exposans sont issus d'une famille roturiere , & qui n'a jamais joui de la noblesse.

C'est comme usurpateur , disent les Adversaires , que Denis-Romain Barbot a été condamné ;
ce qui dénote une roture originaire qu'il a dû né-
cessairement partager avec Pierre-Barbot de Goujonville son frere.

Denis-Romain Barbot , en le supposant en
effet condamné , aura pu se montrer assez négligent pour ne pas défendre son état d'origine,
ou n'avoir pas dans ce moment, les piéces né-
cessaires pour l'établir, ou enfin , préférer à son
état de noble , un état de dérogeance qui lui sera
devenu utile du côté de la fortune , par quelques
entreprises de commerce : mais, ni sa négligence,
ni les obstacles qu'il éprouvoit , ni ses vues inté-
ressés n'ont pu nuire à ceux de la ligne dans la-

quelle il n'étoit pas. S'il a été pourſuivi , apparemment la dérogeance habituelle dans laquelle il vivoit , comme l'obſervent eux-mêmes les Adverſaires, aura déterminé lesCommiſſaires chargés de la recherche des faux nobles, à diriger contre lui quelques pourſuites. Peut-être lui aura-t-on d'abord fait des défenſes de ſe qualifier de noble , & de s'en arroger les droits , pour y avoir renoncé par quelques actes dérogeans ; contre ces défenſes , il aura voulu allier , en ſa perſonne , des qualifications qui ne ſont dûes qu'à ceux qui ſe conſervent ſans altération dans leur état de nobles ; pour faire ceſſer un mélange ſi contraire à l'honneur de la Nobleſſe , on aura pourſuivi Denis-Romain Barbot , comme uſurpateur d'un état qu'il avoit eu en naiſſant , mais auquel il avoit renoncé depuis , & dont il lui avoit été défendu de prendre les caractères. C'eſt dans ce ſens, qu'on peut enviſager cette condamnation qu'on ſuppoſe avoir été prononcée contre Denis-Romain Barbot : & cela paroîtra d'autant plus vraiſemblable , qu'aucun de ſes parens, ni ſon pere, ni ſes freres qui jouiſſoient publiquement de leur état de nobles , à l'époque de cette prétendue condamnation , n'ont été pourſuivis , tant leur état étoit connu ; & tant la nobleſſe de leur conduite , répondoit à celle de leur origine.

De cette condamnation ſuppoſée contre Denis-Romain Barbot , les Adverſaires tirent une conſéquence qui ne ſçauroit être plus oppoſée à celle qui doit naturellement réfulter des circonftances où fe trouvent les Parties. Puifque Denis-Romain Barbot, difent-ils, a été condamné comme ufur-pateur de noblefle, c'eft une preuve, que lors de la recherche qui occafionna ce Jugement de condamnation, la famille Barbot n'avoit pas échappé à cette inquifition ; & s'il étoit vrai que le pere, le frere & les parens de Denis-Romain Barbot euflent pris les qualités de *Nobles* & d'*E-cuyers*, le Commiffaire n'auroit pas manqué de les attaquer auffi comme ufurpateurs, & de les con-damner à l'amende portée par les Loix.

Tel eft le raifonnement des Adverfaires : voici celui des Expofans. S'il eft en effet conftant & bien prouvé que le pere, le frere, & les autres pa-rens de Denis-Romain Barbot, ont publique-ment pris les qualités de *Nobles*, d'*Ecuyers*, de *Barons*, &c. dans le même tems qu'on fuppofe que ce dernier éprouvoit la condamnation portée contre lui ; il s'en fuivra que dès-là que *cette famille Barbot qui n'avoit pas échappé à l'attention du Com-miffaire*, n'a pas été attaquée comme coupable d'ufurpation de noblefle ; elle étoit vérita-blement noble, connue & avouée comme telle, par ceux mêmes qui avoient charge de contefter cette qualité : or, nous avons fait voir & nous prouverons encore par les titres les plus folem-nels, les moins équivoques, & qui font de ceux qu'on exige en Juftice pour prouver la noblefle, que ce pere, ce frere, & les autres parens de

Denis-Romain Barbot , ont pris toutes ces qualifications honorables dont on vient de parler , fans en avoir jamais adopté aucune de dérogeante : & c'eft ce que les Adverfaires n'ont pas encore ofé reprocher à cette famille toujours envifagée dans la ligne directe.

OBJECTIONS

Contre la poffeffion des fieurs de Barbot , & réponfes de ces derniers.

La poffeffion fur laquelle les fieurs de Barbot fondent leur nobleffe d'extraction , remonte à l'année 1510 , date du Teftament de Jofeph de Barbot, Seigneur de Putruault , Capitaine au Régiment de Picardie : & l'on a vu qu'à cette époque, elle s'eft trouvée accompagnée de circonftances qui la font fuppofer infiniment plus ancienne. Elle eft de celles dont le principe eft inconnu ; mais dans tout l'intervale où il eft poffible d'en rapporter la preuve en ligne directe , on la voit fe perpétuer & fe tranfmettre d'âge en âge , jufqu'aux Expofans , fans aucune forte d'interruption.

Il paroîtra bien étonnant après cela, qu'on ait ofé fe promettre de prouver , au contraire , une poffeffion non-interrompue de leur prétendue roture. Les Adverfaires font remonter cette poffeffion à plus d'un fiécle ; & c'eft le Jugement de Denis-Romain Barbot, qui fait leur premiere preuve. Nous n'avons point prétendu que notre nobleſſe ſe fût conſervée dans toute ſa pureté en collatérale , comme en ligne directe. Denis-Romain Barbot étoit dans la premiere , il n'a pas pu nuire à celle-ci , en ſuppoſant toujours l'exiſtence de ce Jugement. C'eſt avec de tels moyens que les habitans de Saint-Martin de Ma-zerac ſoutiennent que la réclamation que font les Expoſans de leur état de Nobles d'extraction eſt de leur part, une prétention nouvelle , qui l'auroit également été , ſelon les Adverſaires , pour chacune des ſouches , dont eſt compoſée la ligne directe de cette famille auxquelles ils at-tribuent des faits qu'il n'eſt pas encore tems de diſcuter. Les Expoſans peuvent , dès cet inſtant, faire ſentir que cette réclamation eût convenu à ces différentes ſouches , & n'eût été pour aucune d'elles , une nouveauté ; puiſque toutes, ſans ex-ception , ont pris & reçu dans les actes les plus ſolemnels , les qualifications de *Nobles*, d'*Ecuyers*, de *Meſſires* & de *Barons*.

OBJECTIONS

Contre les preuves relatives à chacune des Générations qui compoſent la ligne directe des ſieurs de Barbot.

Les Adverſaires paſsent à l'examen des Piéces par leſquelles les Expoſans ont prouvé la nobleſſe de leurs ayeux. Il eſt à remarquer que parmi ces piéces toutes probantes, il s'en trouve néanmoins qui méritent une singuliere attention : ce sont les contrats de mariage de tous ceux qui composent la ligne directe de cette maison , dans lesquels ils ont tous pris les qualités , ou de *Nobles* , ou de *Messires* , ou d'*Ecuyers* , ou de *Barons* ; & quelquefois plusieurs de ces qualités ensemble avec celle de *Seigneurs*. Circonstance qui est ici bien importante , puisque c'est par ces sortes d'actes que la noblesse se prouve en Justice ; qu'ils dispensent d'en rapporter d'autres , & que d'autres piéces n'en pourroient tenir lieu. Les Adversaires instruits de ces vérités , ont fait les plus grands efforts , nous ne disons pas pour détruire , mais seulement pour affoiblir les témoignages éclatans que renferment ces actes. On va voir de quelle maniere ils cherchent à se débarrasser , si l'on ose parler ainsi , de la conséquence décisive qui dérive de ces contrats en faveur des Exposans.

OBJECTIONS

Contre Joseph de Barbot. Premiere souche connue.

Les habitans de Saint-Martin de Mazerac n'opposent rien contre le Testament de Joseph de Barbot , fait le 20 Mars 1510 , dans lequel cet ancien Capitaine a pris la qualité d'*Ecuyer, sieur de Putruault.* Il peut se faire , observent-ils froidement , que ce Joseph Barbot , à l'exemple de beaucoup d'autres de sa Nation , se soit jetté dans le militaire , *pour y faire fortune* , & se soit cru autorifé par fa qualité de Capitaine , à prendre le titre d'*Ecuyer.*

R É P O N S E.

C'eft donc pour faire fortune qu'on fe jette dans le militaire ! La réflexion eft nouvelle ; elle pourroit honorer nos Adverfaires , s'ils étoient en état de fentir tout le prix de l'efpéce de fortune qu'on doit fe propofer, en fe dévouant à l'Etat Militaire, & qu'on ne manque jamais d'y recueillir , lorfqu'on y remplit fes devoirs. Au furplus, en lifant le Teftament de ce Jofeph de Barbot , on voit bien par l'élévation d'ame qui y régne , par les expreflions diftinguées qui lui échappent,qu'il n'eft pas le premier de fa famille à qui les qualifications d'*Ecuyer* & de *Noble* convinflent.

O B J E C T I O N S

Contre Robert de Barbot , fils de Jofeph. Premiere génération.

On n'a encore rien eu à dire contre le Contrat de mariage de Robert de Barbot, fils de Jofeph, en date du 13 Novembre 1519, dans lequel il eft qualifié de *Noble*, d'*Ecuyer*, & de fils naturel & légitime de Jofeph de Barbot, *Ecuyer*, fieur de Putruault, & de feue Marguerite de Lavergne. Ses Adverfaires font forcés de borner leur critique à prétendre qu'il eft étonnant qu'on ne rapporte qu'une feule piéce pour chacune de ces deux fouches.

RÉPONSE.

Plufieurs circonftances ont pu mettre les Expofans dans l'impoffibilité de rapporter un plus grand nombre de piéces : l'éloignement des tems ; les guerres civiles ; les troubles qui ont fi fouvent agité & dévafté cette Province ; la négligence des ayeux ; toutes ces raifons ont fait obftacle à une recherche plus heureufe. Et à l'égard des effets de la Guerre civile , les Adverfaires conviennent eux-mêmes dans une de leurs Requêtes, que le Château de Pierre de Barbot de Goujonville a été détruit lors de l'incurfion de l'un des deux Partis ; & c'eft encore ce qui fe juftifie , par la cinquante-huitieme piéce de la production des Expofans.

OBJECTIONS.

Contre Jean de Barbot , premier du nom , *fils de Robert. Seconde Génération.*

Il étoit fils de Robert ; & l'on a vu qu'à l'exemple de fon pere , il s'étoit qualifié de *Noble* & d'*Ecuyer* dans fon Contrat de mariage, du 30 Mars 1570.

Les Adverfaires, comme on va le voir dans un inftant, lui donnent pour frere un François Barbot , qu'ils difent avoir été Sergent.

Les Expofans n'ont connu d'autre frere de Jean premier ,

premier, leur trifayeul, que Pierre de Barbot, qui, dans un titre du 14 Mars 1550, prit la qualité d'*Ecuyer*, & d'Enfeigne dans la Compagnie du Seigneur de Taride : ce titre eft produit dans l'Inftance.

On a encore prétendu que ce Jean, premier du nom, n'avoit point pris la qualité de *Noble* ; que jamais elle ne lui avoit été donnée, pas même par Renée Jaumart, fa premiere femme ; & l'on verra dans un moment, les habitans de Mazerac foutenir qu'il a été connu fous le titre de Procureur au Parlement.

Les Expofans vont démentir toutes ces allégations, par une infinité de moyens. Il eft faux que ce Jean de Barbot premier du nom, n'ait jamais pris la qualité de *Noble*. Il eft également faux qu'elle ne lui ait pas été donné : fon contrat de mariage en eft une premiere preuve il y eft qualifié de *Noble* & *d'Ecuyer* : on n'a pas ofé le dénier : le contrat eft rapporté. Pour autre preuve, nous produifons une foule d'actes, qui tous atteftent & confirment la qualité de Gentilhomme dans la perfonne de ce trifayeul. Un premier acte du douze Avril 1605, eft le contrat de mariage de Marguerite de Barbot fa fille, où elle eft qualifiée de *Demoifelle*, & lui de *Noble homme* Jean de Barbot, fieur de Putruault. Une obligation du 23 Juin 1606, confentie en fa faveur, fous la qualité de *Noble*, par Michel Boireau. Une autre

P

obligation du 19 Octobre 1609, consentie au profit de *Noble homme* Bertelin Contrôleur Générale du Domaine, par Jean premier de Barbot qualifié de *Noble*. Une procuration du 14 Août 1612, qu'il a donnée à son fils, & où il a pris le titre de *Noble*. Une autre procuration par lui donnée sous le même titre, le 29 Février 1613. Une obligation faite en sa faveur sous la qualité de *Noble*, par Marie Princetaut. Une cession & transport du 11 Juin 1614, d'une créance, par Blanquine Dufaux *Demoiselle*, seconde femme de Jean premier de Barbot, qui est qualifié d'*Ecuyer*, sieur de Putruault. Une cession consentie le 5 Octobre 1624, par Queyrot de la Serre, au profit de Jean premier de Barbot qualifié de *Noble*. Une quittance de tutelle du sieur Equin du 10 Août 1615, en faveur de Jean Barbot premier, avec la qualité de *Noble*. Une ratification d'une donation du 11 Septembre 1615, faite par Blanquine Dufaux, seconde femme & veuve de feu *Noble* Jean de Barbot premier du nom Seigneur de Putruault & de Saint George : on voit ici que c'est sa veuve qui lui donne elle-même la qualité de *Noble*. Le testament de la même Blanquine Dufaux du 10 Octobre 1616, où elle se dit encore veuve de feu *Noble* Jean de Barbot premier. Un Procès-verbal de nomination de Tuteur, fait dans une assemblée de parens, tenue le 3 Décembre 1617, où l'on voit qu'a assisté Romain Barbot, Prêtre, qui prend la qualité de *Noble*, *Monſieur*, *Maître*. Il étoit fils de Jean de Barbot premier ; il ne pouvoit donc tirer ſa Nobleſſe que de ſon pere. Une tranſaction portant quittance du 8 Mai 1618, donnée par Marie de la Serre, *Demoiſelle*, & fille de Jean de Barbot premier, qui s'y trouve qualifié de *Noble*. Un acte de procédure où pareille qualité lui eſt donnée.

Jean de Barbot premier du nom, a donc pris la qualité de *Noble* & d'*Ecuyer* : elle lui a donc été conſtamment donnée, par ceux-même qui le connoiſſoient le plus ; par ſa veuve & par ſes autres parens. Qu'on juge après cela, du cas que l'on doit faire des fauſſes allégations des habitans de Saint-Martin de Mazerac ?

Quant à la qualité de Procureur que l'on attribue à ce Jean premier, les Expoſans n'ont jamais apperçu d'actes ni de piéces qui puſſent le conſtater : & nous verrons dans un inſtant l'eſpece de preuve, que les Adverſaires prétendent en rapporter.

Une circonſtance bien frappante, va nous faire preſſentir, que ce Jean premier ne fût rien moins que Procureur. Il fut honnoré par le Roi Henri IV, le 11 Décembre 1607, de l'Office de Secrétaire ordinaire de ſa Chambre : les proviſions de cet Office, font voir qu'il lui a été accordé gratuitement, & en récompenſe de ſervices ſignalés, rendus au Roi & à la Patrie. Delà, pluſieurs conſéquences ; 1°. Penſera-t-on que fi Jean de Barbot n'eût été qu'un Procureur, le Roi l'eut choifi dans cette claffe de Citoyens, pour occuper auprès de fa Perfonne, un rang, & y remplir les fonctions qui n'étoient donnés qu'à des perfonnes non moins diftinguées par la naiffance que par le mérite. * 2°. Un Procureur

---

* Dans un Etat de la France, dont il a été fait trois éditions, on voit à la page 212 de la premiere édition, à la page 293 de la feconde, & à la page 223 de la troifiéme, que le nombre de ces Secrétaires étoit fixé à quatre; qu'ils étoient qualifiés fur l'Etat de Secrétaire de la Chambre & du Cabinet, ayant 7500 liv. de gages: qu'ils avoient aufli la qualité de Confeillers du Roi ordinaires en fes Confeils, & fervants Sa Majefté dans fes Dépêches particulieres qu'Elle ne vouloit pas être divulguées.

Enfuite fe trouvent les noms de ceux qui ont occupés cette place, fuivant l'ordre de leur réception.

M. Maître François de Cailleres, Seigneur de la Roche-Cheloy & de Gigny; il avoit été envoyé en qualité de Plénipotentiaire lors de la paix de Rifvich: il étoit de l'Académie Françoife.

M. Verjus de Crecy: il avoit également eu la qualité de Plénipotentiaire, lors de la paix de Rifvich: auparavant il avoit été à la Dierte de Ratisbonne, & autres Affemblées de l'Empire.

M. le Marquis de Prouage, Grand Tréforier de l'Ordre du Saint-Efprit: il avoit été auparavant Secrétaire du Cabinet: le Roi lui conferva, ainfi qu'à M. Verjus, les Entrées de la Chambre qu'ils avoient eues en qualité de Secrétaires.

M. Antoine Hennequin, Sieur de Charmont, ancien Procureur Géneral du Grand Confeil, & Grand Rapporteur: il étoit encore pourvu de l'Emploi de Secretaire de la Chambre, lorfqu'il fût envoyé en qualité d'Ambaffadeur à Venife.

M. Eufebe-Jacques Chapoux, Marquis de Verneuil en Touraine, Introducteur des Ambaffadeurs.

M. Louis Doublet Seigneur de Breuil-Pont, ci-devant Secretaire des Commandemens de M. le Duc d'Orléans, Régent du Royaume, & Garde des Sceaux de la Reine d'Efpagne douariere.

M. Jacques Armand Dupin de Chatancé.

M. Roze, Sieur de Croye; il avoit fur cette charge 210000 liv. il étoit Préfident à la Chambre des Comptes.

M. Bergeret; il avoit été Avocat Général au Parlement de Metz.

eſt-il en poſition de rendre à l'Etat, des ſervices dignes d'une récompenſe auſſi glorieuſe? 3°. Si Jean de Barbot n'avoit pas été *Noble*, ſe trouvant en faveur auprès du Prince, comme on voit qu'il y étoit, & y exerçant un emploi auſſi honorable, ſa plus forte ambition ne lui eut-elle pas fait déſirer la Nobleſſe; & ſon premier ſoin n'eut-il pas été de la demander & de l'obtenir?

Ce Jean de Barbot premier du nom, eſt donc celui qui par ſon contrat de mariage du 30 Mars 1570, a pris les qualités de *Noble* & d'*Ecuyer*; & dont la conſidération qui lui étoit due, ne permit pas qu'on le nommât dans le contrat de mariage, ſans l'épithete diſtinguée de *Seigneur*; c'eſt celui qui eût pour frere Pierre de Barbot, connu dans un titre de 1550, ſous la qualification d'*Ecuyer* & d'Enſeignedans une Compagnie; c'eſt encore celui qui eût l'honneur d'exercer auprès d'Henri IV, l'emploi de Sécrétaire ordinaire de ſa Chambre; c'eſt enfin celui dont la Nobleſſe qu'il tenoit de ſes peres, a été prouvée par une multitude d'actes; & dont les enfans Eccléſiaſtiques ou autres, ont à l'exemple

---

M. Daquin de Château-Renard; il avoit été Conſeiller au Parlement.

M. le Marquis de Saint-Pouange Gilbert Colbert: il avoit été Secrétaire des Commandemens, Maiſon & Finances de la Reine.

C'eſt parmi des Perſonnes d'un tel nom & d'un tel mérite, que les habitans de Saint-Martin de Mazerac voudroient que ſe fût trouvé un Procureur au Parlement.

de leur pere, fait ufage en tout tems de qualifications qui ne pouvoient convenir qu'à des Nobles.

On veut que ce Jean de Barbot premier du nom, n'ait été qu'un Procureur au Parlement. Il paroît bien qu'il a exifté un Jean Barbot Procureur au Parlement; quelques pieces rapportées par les Adverfaires, femblent l'annoncer. Mais où eft la preuve, & encore plus, où eft la vraifemblance que ce fût la même perfonne, que ce fût ce Jean de Barbot premier du nom notre trifayeul, dont tous les titres que nous rapportons, & qui lui font relatifs, n'atteftent d'autres qualités que celles de *Noble* & d'*Ecuyer* ? Et par quelle fingularité inconcevable, n'auroit-il pris foigneufement dans qnelques actes, que la qualité de Procureur, fans y parler de celles de *Noble* ou d'*Ecuyer*, & dans une multitude d'autres, celles d'*Ecuyer* & de *Noble*, fans aucune mention de celle de Procureur ?

Ce Procureur, dit-on, prenoit auffi le titre de Sieur de Putruault. Il y avoit un village connu fous le nom de Putruault : ce Jean de Barbot, Procureur, aura eu du bien dans ce village, & en aura pris le nom fous ce prétexte. Cette prétendue identité de perfonne eft donc une erreur de nos Adverfaires.

Il en eft de même de la fraternité qu'ils ont prétendu établir entre ce Jean Barbot, Procureur, que nous ne connoiffons point, & un

François Barbot, Sergent, que nous ne con-
noiſſons pas mieux : ce que nous n'allons rele-
ve r que pour faire voir combien il eſt ordinaire aux habitans de Mazerac de donner dans
l'erreur.

Deux piéces ſervent de baſe à leur ſuppoſition.
L'une, eſt un bail du 28 Janvier 1591, dans
lequel diſent les Adverſaires, ce François
Barbot ſe charge de paſſer le bail pour Jean
Barbot, ſon frere, Procureur au Parlement.

L'acte ne porte point que ce fut ſon frere ;
pourquoi donc avoir oſé prendre ſur ſoi de
l'avancer?

La ſeconde piéce de laquelle on s'efforce de
faire ſortir la preuve de cette prétendue fraternité, eſt une quittance du 16 Janvier 1597.
On va voir qu'une telle preuve n'eſt qu'une pure
dériſion, pour ne pas dire quelque choſe de plus
révoltant. Que voit-on dans cette quittance ?
Un François Barbot, qui loin d'être déſigné
comme Sergent, eſt ſeulement qualifié d'ancien Maire de Saint-Emillion. Combien peu ce
dernier titre quadre-t il avec celui de Sergent !
Mais enfin ce François Barbot, ſous quelque
qualité qu'on veuille l'enviſager, étoit-il frere
de Jean Barbot, Procureur ? Si l'on conſidere
la quittance de 1597, François y prend la qualité de frere de Jean, avec cette circonſtance
cependant bien remarquable, que le mot de
frere, dans tous les endroits où il eſt écrit, l'a

été après coup, avec de l'encre différente, & pour fubftituer ce mot de *frere* à celui de *fils*, qui perce fenfiblement au travers de cette altération. L'expédition de cette quittance a été faite par Cofte, Notaire, cet ennemi déclaré des Expofans, l'auteur de la conteftation actuelle, qui eft venu lui-même la pourfuivre dans cette Capitale, où il s'eft fait députer par quelques-uns des habitans qu'il a féduits. D'après cela, François Barbot n'étoit donc pas le frere, mais le fils de Jean Barbot ; & ce Jean Barbot eft défigné dans la quittance de 1597, fous le titre de *Maître Jean Barbot, élu Confeiller pour le Roi en Guyenne*, & non pas fous la qualité de Procureur au Parlement.

Il réfulte de tout cela, que Jean de Barbot, premier du nom, d'où defcendent les Expofans en ligne directe, n'a pas plus été Procureur au Parlement, que Confeiller en l'Election ; que jamais il n'a été lié comme frere avec ce François Barbot, ancien Maire de Saint-Emillion, dont il s'agit dans la quittance de 1597, & encore moins avec François Barbot que l'on dit avoir été Sergent ; que ce Jean Barbot, Confeiller en l'Election, ce Jean Barbot, Procureur, ce François Barbot, Sergent, & ce François Barbot qualifié dans la quittance de 1597, d'ancien Maire de Saint-Emillion, font autant d'individus qui n'ont autre chofe de commun avec Jean de Barbot, trifayeul des Expofans, que la

conformité

conformité de nom, qui, fi l'on veut, fe trouvent dans la ligne collatérale de cette famille, mais qui font entiérement inconnus aux Expofans.

Enfin, quand il feroit vrai (ce que nous fommes loin d'accorder) que ce Jean de Barbot eût été Procureur ; dès-là qu'il l'auroit été en Cour Souveraine, il n'auroit point dérogé ; c'eft la maxime de tous les Tribunaux du Royaume : c'eft particuliérement celle du Parlement de Bordeaux, qui a rendu un Arrêt contradictoire, il y a peu de tems, au profit du fieur Valcarcel, Procureur en cette Cour, dans lequel il a été qualifié d'*Ecuyer* & de Procureur, avec permiffion de le faire afficher. On lui avoit contefté dans cette affaire fa qualité de Gentilhomme, fous prétexte de la dérogeance que l'on difoit réfulter de fon état de Procureur.

Ce n'eft que furabondamment, & pour ôter aux Adverfaires tout prétexte d'incidenter, que les Expofans ont fait voir que la qualité de Procureur au Parlement n'avoit rien de dérogeant. Les Adverfaires en cherchant à combattre ce principe, ont rapporté des autorités puifées dans les fentimens de quelques Auteurs, qu'on eft cependant convenu être contradictoires entr'eux : on a fini par dire qu'il réfultoit de ces autorités, que la qualité de Procureur étoit une Profeffion dérogeante à la Nobleffe ; les Adverfaires n'ont point fait attention que ce n'eft qu'à la Profeffion de Procureur dans

Q

les Siéges inférieurs , que ces décisions s'appliquent , & qu'elles ne peuvent convenir à ceux qui exercent cet état dans les Cours Souveraines.

Les Adversaires ont voulu faire entendre qu'il étoit assez inutile d'agiter ici cette question de dérogeance, parce que , selon eux, il ne s'agit pas de sçavoir si Jean de Barbot, premier du nom, a dérogé ; mais plutôt, s'il étoit Noble. Comme si l'on pouvoit douter que le fils d'un *Noble* & d'un *Ecuyer*, & petit-fils d'un *Ecuyer*, auxquels on n'a osé rien reprocher, ne fût notoirement Noble comme eux.

OBJECTIONS

Contre les Titres par lesquels on a prouvé la noblesse de Jean de Barbot, premier du nom.

Contre le titre du 14 Mars 1550, qui est un échange passé entre Elie du Trimoulet, & Pierre de Barbot *Ecuyer*, Enseigne, frere de Jean de Barbot premier, on nous a dit qu'il ne résultoit autre chose de ce titre , si ce n'est que ce Pierre de Barbot avoit été un avanturier qui, s'étant jeté dans le Service, étoit parvenu au grade d'Enseigne, d'où il avoit pris le prétexte de s'arroger la qualité d'*Ecuyer* qui ne lui convenoit pas.

REPONSE.   Si l'on vouloit en croire les Adversaires, il n'y auroit que des Avanturiers qui se jetassent dans le Service ; car ils n'ont certainement pas plus de fujet de le dire à l'égard de ce Pierre de Barbot, qu'à l'égard de tout autre Militaire. Au furplus, cet Enfeigne, fils & petit-fils de *Nobles* & d'*Ecuyers*, qui s'étoient toujours montrés avec ces titres, n'avoit befoin d'aucun autre pretexte pour prendre la qualité d'*Ecuyer*, que l'exemple & le droit de ces Ayeux.

Dans le Contrat de mariage, du 12 Avril 1605, d'entre Marguerite de Barbot, fille de Jean, premier, & le fieur Durand, Avocat, la future époufe a pris la qualité de *Demoifelle*, que l'on fçait ne convenir qu'à une perfonne de condition noble ; & fon Pere, celle de *Noble homme*. C'eft une entreprife, dit-on, de fa part. C'eft la premiere fois qu'il a fucombé à la tentation de fe dire Noble ; auffi, fa tentative, continuent les Adverfaires, a-t-elle le caractere de timidité & de crainte, ils n'ofent pas affecter tout de fuite la qualité fimple de *Noble*, qui fouvent a été prife par de vrais Gentilshommes ; ni encore moins celle d'*Ecuyer*, depuis long-tems affectée à la nobleffe : il n'a d'abord pris modeftement que la qualité de *Noble homme*, qui n'eft point la qualité propre d'un Gentilhomme.

Ce font donc celles de *Noble* & d'*Ecuyer*, qui font les qualités propres du Gentilhom-

me, comme l'obſervent eux-mêmes les Adverſaires. Or, Jean de Barbot, premier du nom,
les avoit alors priſes l'une & l'autre cumula-
tivement par ſon contrat de mariage que nous
rapportons. Il eſt donc faux que ce ne fût qu'une
tentative, ou une tentation lors du contrat de
mariage de ſa fille, qui, elle-même y a pris une
qualification qui déſignoit ſa nobleſſe d'origine.

D'ailleurs, le titre de *Noble homme* n'eſt pas
moins affecté aux Gentilshommes, que toutes
autres qualités par leſquelles ils ſe font connoître : c'eſt ce qui eſt atteſté par Loyſeau,
chap. 5, de ſon Traité des Ordres, où il dit
que des Princes du ſang prirent la qualité de
Nobles hommes, & même que dans le Hainault,
le *Noble homme* étoit plus que l'*Ecuyer;* cette
Coûtume diſtinguant les degrés de nobleſſe de
cette maniere ; le Pair, le Chevalier, le Noble
homme & l'Ecuyer ; faiſant une plus grande
taxe pour la journée des Pairs, que pour les Chevaliers ; des Chevaliers, que pour les Nobles
hommes ; & des Nobles hommes, que pour les
Ecuyers.

Il a été jugé par un Arrêt du Conſeil du 23
Octobre 1751, entre les Fermiers du Domaine
de la Généralité de Bretagne, & les ſieurs de
Romancoul, que la qualité de *Noble homme*
étoit une qualification de Nobleſſe. Ils furent
en conſéquence de cette qualité qu'avoient priſe
leurs ancêtres, déchargés de la demande en

condamnation du droit de franc-fief.

M. le Procureur Général des Requêtes de l'Hôtel, en portant la parole, il y a peu de jours, dans l'affaire de la Dame de Melet, contre M. Daspe, & la Demoiselle de Vivens sur la question de sçavoir si la Dame de Melet avoit épousé un Noble dans la personne du sieur de Melet, s'expliqua en ces termes dans son Plaidoyer imprimé, sur cette qualité de *Noble homme*.

« Le nom de *Noble Homme* est à proprement
» parler le genre ; celui d'*Ecuyer* est l'espece. Dans
» le douzieme & le treizieme siécle, il se donnoit
» aux grands Seigneurs, aux Souverains même.
» *Noble Homme Feri, Duc de Lorraine, Noble*
» *Homme Henri, Comte de Luxembourg.* Dans le
» quinzieme, dans le seizieme siécle, cette déno-
« mination étoit encore celle qui exprimoit la
» noblesse. *Noble Homme Guillaume du Chaslel,*
» mort en 1441, Pannetier de Charles VII. *Noble*
» *Homme Jacques de Dreux,* vivoit en 1514.
» *Noble Homme Bonaventure d'Harcourt,* vivoit
» en 1537 ».

Enfin, les fastes même de la province & de la ville de Bordeaux attestent que la qualité de *Noble Homme* a été donnée dans les occasions & les circonstances les plus éclatantes, aux personnes les plus distinguées du pays. Dans le procès verbal de rédaction de la Coutume de Bordeaux, parmi les gentilshommes qui y ont comparus, on apperçoit *le sieur de la Croux, Seigneur & Baron de Savignac*, avec la qualité de *Noble Homme*. Le Corps Municipal de la même ville eſt compoſé de ſix Jurats, dont deux Gentilshommes, deux Avocats, & deux Négocians. Chacun de ceux qui ont occupé ces emplois, a ſon tableau expoſé dans une des ſalles de l'Hôtel-de-Ville ; on lit pour légende ou inſcription, au bas de pluſieurs de ces anciens tableaux, *Noble homme*, N.... Gentilhomme, Marquis ou Baron.

La critique des Adverſaires, quelqu'animée & quelque vive qu'elle ſoit, s'eſt montrée impuiſſante & ſans reſſource, contre une foule d'autres actes par leſquels on a vu la Nobleſſe de Jean de Barbot premier, établie d'une maniere ſenſible. Ces Adverſaires, en avouant que par tous ces titres, les qualités de *Noble* & d'*Ecuyer* lui ont été données, ſe ſont retranchés à regarder comme ſurprenant, que dans quelques-unes de ces piéces, le fils de Jean de Barbot premier, n'ait été qualifié que de *Monſieur Maître Jean Barbot*, *Avocat au Parlement*, tandis qu'on donnoit à ſon pere les qualités plus relevées d'*Ecuyer* & de *Noble*. Cette circonſtance leur paroît d'autant plus frappante, que Blanquine Dufaux elle-même, ſeconde femme & veuve de ce Jean premier, dans ſon teſtament & dans un autre acte, donne à ſon mari les titres de *Noble* & d'*Ecuyer*, & ne qualifie ſon fils que de *Monſieur Maître Jean Barbot*, *Avocat au Parlement*.

Quand nous manquerions de réponfe à ces foibles obfervations, le Défenfeur des Adverfaires nous la fourniroit lui-même. Dans l'affaire du fieur de Melet, qui vient d'être jugée à fon avantage, on lui a oppofé l'extrait d'un cadaftre où l'on voyoit un fieur de Melet fous la qualité de *Monfieur Maître*. Qu'a répondu le Défenfeur de nos Adverfaires, chargé de la Caufe de M. de Melet ? *Qualités qu'on donne dans le même cadaftre à plufieurs Gentilshommes, & entr'autres au fieur Duboutet du Cardouede, qui, de l'aveu de tout le monde, eft une des meilleures Maifons de la Province.*

Si les premiers Gentilshommes de la Province du Languedoc ont pu, fans mériter de reproches, fe qualifier de *Meffieurs Maîtres*, un Avocat également Gentilhomme a bien pu dans la Province de Guyenne, fe renfermer dans les mêmes qualités, fans qu'on puiffe y redire. Tout le monde fçait d'ailleurs, que cette qualité de *Maître* eft celle dont font journellement ufage les Avocats parmi lefquels il fe trouve des Nobles très-diftingués, des fils des premiers Magiftrats, & des fujets qui font deftinés à remplir les premieres places dans la Robe.

A l'égard de ce que Blanquine Dufaux a nommé dans fon teftament pour l'un de fes exécuteurs teftamentaires, *honorable François Barbot, ci-devant Maire de Saint-Emillion*, c'eft de la part des Adverfaires vouloir bien aveuglé-

ment faire reſſource de tout, que de tirer de ce
fait d'autre conſéquence que la confiance dont
la Teſtatrice honoroit cet ancien Maire de ſa
Ville; & c'eſt un ſyſtême fauſſement & inutile-
ment imaginé que de prétendre que cet ancien
Maire fut ce François Barbot, Sergent, dont
on a déja parlé : il n'y a pas la moindre preuve
rapportée à ce ſujet.

OBJECTION.

Jean de Barbot, premier du nom, obſervent
encore les habitans de Mazerac, étoit ſi con-
vaincu qu'il n'étoit pas d'une famille noble, que
dans ſes Proviſions de l'Office de Secrétaire de la
Chambre d'Henri IV, il n'a oſé prendre ni la
qualité de *Noble*, ni celle d'*Ecuyer*.

REPONSE.

C'eſt le Roi qui accorde ces Proviſions; il lui
eſt bien libre de les donner ſous telle dénomination qu'il lui plaît, ſans que cela tire à conſéquence pour l'état que l'Impétrant poſſede d'ailleurs; & ſi cette mépriſe a échappé à l'attention
du Monarque, il ne ſeroit ni décent, ni poſſible,
ni même important de la faire corriger.

Il eſt donc invinciblement démontré que Jean
de Barbot, premier du nom, étoit noble, &
d'une nobleſſe épurée qu'il tenoit de Robert de
Barbot ſon pere, & de Joſeph de Barbot ſon
ayeul, qui lui-même l'avoit reçue avec la même
pureté de ſes ancêtres.

OBJECTIONS

OBJECTIONS

Contre Jean de Barbot , second du nom. Troisieme génération.

Il est issu de Jean premier : on a vu que par ses deux contrats de mariage il avoit pris les qualités de *Noble , de Messire, de Seigneur* & de *Baron.* Ses titres de noblesse ne se bornent pas à ces deux contrats : nous réunissons une foule d'actes où les qualités caractéristiques de la noblesse lui ont été données. C'est sous la qualification d'*Ecuyer* que le 28 Décembre 1619, il fit donner à sa requête un exploit d'assignation. On lui consentit , sous la qualité de *Noble ,* une obligation par contrat du 11 Décembre 1622 : autre exploit donné à sa requête, & avec le titre de *Noble ,* le 12 Mai 1624 : c'est ainsi qu'il est qualifié, & alternativement d'*Ecuyer ,* de *Messire* & de *Baron ,* dans un acte de Procédure du 2 Mai 1631 ; dans une obligation qu'il consentit le 16 du même mois en faveur de la veuve Martin ; dans une autre obligation consentie en sa faveur le 7 Décembre 1643 , par Guillaume Coudrau ; dans une exporle (reconnoissance) par lui passée le 16 Octobre 1643 , au profit d'un Seigneur de Fief ; dans une obligation souscrite en sa faveur, le 10 Avril 1644, par Guillaume Plantier ; dans une vente qui lui fut faite d'une partie de rente seigneuriale , le 12 Mai

R

1645, par le sieur Desportes ; dans une saisie féodale faite à sa requête, le premier Septembre suivant ; dans un acte d'offres qui lui furent faites le 20 Juillet 1746 ; dans un autre acte qui lui fut signifié à la requête de Messire Jacques de Calvimont, le 4 Janvier 1647 ; dans un acte de Procédure du 10 Mars 1649 ; dans une saisie féodale du 7 Février 1651 ; dans une Commission de Chancellerie, le 31 Mars 1653 ; dans un acte fait au sieur Boireau, le 7 Août 1653, par la Dame Boireau, femme de Jean de Barbot, second du nom, auquel elle donne la qualité de *Messire Maître*, ainsi qu'à Pierre de Barbot son frere, Chanoine ; dans un acte passé entre lui & le sieur Boireau, le 2 Janvier 1656 ; dans une signification d'exploit qu'il a reçu le 6 Août 1657 ; dans un contrat de vente faite en sa faveur le 8 Octobre suivant, par Guillelme Ribaude ; dans des articles de mariage du 23 Février 1658, d'entre Anne de Barbot sa fille, & Vincent de la Baysme ; dans un bail à ferme du 12 Février 1660, consenti par Marie Baireau, qui se dit veuve de *Noble* Jean de Barbot, vivant *Écuyer* ; dans une Requête présentée au Parlement de Bordeaux le 4 Mai 1661 ; dans le contrat de mariage de Marie de Barbot sa fille, du 4 Mai 1663, dans lequel ont camparu sous la qualité de *Nobles*, Jean de Barbot, Romain de Barbot, & Pierre de Barbot, freres de la future épouse, dont le dernier est l'aycul des Expofans ; dans un acte paflé le 12 Janvier 1664, par la Dame Boireau fa feconde femme , & qui s'y qualifie veuve de *Noble* Jean de Barbot ; dans un acte de cautionnement du 13 Mars 1665 ; dans une Requête préfentée par Marie Boireau, où elle fe dit veuve de *Noble* Jean de Barbot, Seigneur, *Baron* de Putruault & de Saint-George ; dans un arrêté de compte paflé le 14 Août 1691 entre lui & le fieur Saize : nous finirons par le teftament qu'il a fait en 1651 le 5 Mai, dans lequel il ne prend ni pour lui, ni pour fes enfans, la qualité ni de *Noble*, ni d'*Ecuyer ;* mais il y indique fa noblefle par les défenfes que lui infpire la modeftie, de faire à fes funérailles aucune pompe, tenture noire, ni *écuffons*, ce qui ne fe pratique à Bordeaux que parmi les perfonnes de qualité.

Jean, fecond du nom, étoit donc bien ouvertement Gentilhomme : il avoit conftamment pris les qualités de *Noble*, d'*Ecuyer*, de *Mesfire* & de *Baron* : toutes ces qualifications honorables lui ont été données par fa veuve, par fes parens & par les étrangers.

Il femble que ce n'ait été que pour garder l'ordre de la nomenclature, que les Adverfaires ont hafardé quelques objections contre la noblefle de Jean de Barbot, fecond du nom. Leur foiblefle, à cet égard, qui eft extrême, porte avec elle le caractere de la honte qu'ils en ont eue. On vient

OBJECTION.

de voir que Jean de Barbot second, dans ses deux contrats de mariage , & dans une infinité d'actes également irréprochables, a cent & cent fois pris & reçu les qualités de *Noble* , de *Messire* , d'*E-cuyer* & de *Baron*. Les Adversaires , en avouant cette possession , en font éclater le plus grand étonnement , & c'est la seule défense qu'ils y opposent. Si parmi cette multitude d'actes , Jean de Barbot s'est quelquefois négligemment contenté de la simple qualité d'Avocat au Parlement , qu'il a si fort honorée par la célébrité qu'il s'est acquise ; les Adversaires saisissent avec empressement cette négligence ; elle est la preuve infaillible de la roture de cet *Ecuyer* , de ce *Mes-sire* , de ce *Noble* , de ce *Baron*. C'est pour eux une derniere ressource contre le poids énorme dont les accablent ces qualités multipliées indicatives de la noblesse de Jean second , & qui sont *entas-sées* ; (c'est le propre aveu des Adversaires,) dans les actes qui lui sont relatifs.

Apparemment que rempli d'une haute idée, de cette qualité d'Avocat , Jean de Barbot second , a pensé quelquefois s'honorer assez en en prenant le titre, sans avoir besoin de rappeller ceux de son origine. On l'a vu dans une multitude d'actes , que nous produisons sous le même cahier , autres que ceux que nous avons déjà rapportés, prendre indifféremment la qualité d'*Ecuyer* , de *Baron* & de *Noble* , avec celle d'Avocat, ou l'une de ces qualités sans les autres.

A l'égard de l'omiſſion de la qualité de *Noble*
dans ſon Teſtament, elle doit d'autant moins
tirer à conſéquence, qu'on n'eſt point étonné
de voir une ſprit rempli comme celui d'un Teſ-
tateur, des grandes idées de l'éternité, oublier,
négliger, affecter même, de ne vouloir pas s'occuper de ces titres frivoles qui ne tiennent qu'à
la vanité duſiécle.

Les Adverſaires prétendent que ce n'eſt point
par humilité, mais par juſtice, & pour répa-
rer l'uſurpation de nobleſſe, que Jean de Barbot
ſecond, s'eſt abſtenu d'en prendre la qualité à
ſa mort. Pourquoi ſa probité ne lui auroit-elle
donc pas auſſi inſpiré de défendre à ſes enfans à
qui il adreſſoit ſes dernieres paroles & ſes derniers
ſentimens, de s'arroger comme lui les qualités de
Nobles, d'*Ecuyers* & de *Barons* ? On voit que le
ſyſtême des Adverſaires porte à faux : ils ne feroient qu'un demi-juſte, ſi nous oſons parler
ainſi, de ce Jean de Barbot, en qui néanmoins
ils font parler avec raiſon, les plus grands principes d'équité, de juſtice & de religion. Principes qui lui euſſent effectivement fait conſommer
l'ouvrage de la réparation, ſi ç'en avoit été une
de ſa part.

OBJECTIONS

Contre Pierre de Barbot de Goujonville. Quatrieme Génération.

Nous voici à la quatrieme génération en ligne directe, de la famille des Expofans. M. l'Infpecteur Général du Domaine, feul autorifé à contefter la noblefse de cette maifon, n'a encore trouvé rien à oppofer à Jofeph de Barbot, fouche primitive, ni aux trois générations qui en defcendent directement : car les objections qui nous ont été faites jufqu'à cet inftant, font toutes forties de la bouche des habitans de Saint-Martin de Mazerac; d'où il faut conclure, d'après l'Infpecteur Général lui-même, que la noblefse des Expofans, cette noblefse d'extraction, dont l'origne fe perd dans l'obfcurité des fiécles, s'eft tranfmife avec toute fa pureté d'âge en âge, jufqu'à Pierre de Barbot, qui forme ici la quatrieme génération.

Indépendamment de fon contrat de mariage, dans lequel il a pris la qualité de *Meffire* de Barbot, fieur de Goujonville, nous réuniffons d'autres piéces où fa noblefse eft également atteftée; tel eft le contrat de mariage de Marie de Barbot fa fœur, avec le fieur Berthomieux, où Pierre de Barbot a été qualifié de *Noble*. Et il étoit fi notoirement reconnu pour gentilhomme, que deux fois, durant les guerres civiles, il fut convoqué avec les autres gentilshommes de la Province, pour le service du Roi. La premiere convocation fut faite par une Lettre qu'il reçut le 23 Janvier 1652, du Comte de Maure, Commandant de la Province. La seconde se fit par une Lettre qu'il reçut le 17 Juillet 1706, de M. de Monferrand, Grand Sénéchal de Guyenne, en vertu des Ordres de M. le Maréchal de Montrevel, Gouverneur de la Province. Il convient de rapporter ici les termes de cette Lettre.

« Monsieur, M. le Maréchal de Montrevel,
» m'ayant donné ordre de convoquer la *Noblesse*
» *de Guyenne*, pour le service du Roi, & de vous
» faire sçavoir, que vous ayez à vous rendre en
» diligence à Bordeaux, sans aucun retarde-
» ment; je vous en donne avis, afin que vous
» ne manquiez pas de vous conformer aux inten-
» tions de Sa Majesté. Je suis, Monsieur, &c.
» Signé, de Monferrand ».

A la réception de cette Lettre, Pierre de Barbot de Goujonville se réunit à la noblesse de la Province. Jean de Barbot, second du nom, son pere, avoit également été appellé ; & il auroit pensé ne remplir que la moitié de son devoir, & ne servir qu'imparfaitement toute l'étendue de son zèle pour son Prince, s'il se fût montré seul de sa famille. Il avoit trois enfans ; encouragés par l'exemple du pere, ils veulent partager ses malheurs & sa gloire : ils vont, comme lui, grossir le nombre des généreux défenseurs de la Couronne. Dans les différens chocs de cette guerre, un de ces enfans eſt atteint de pluſieurs coups; ce n'eſt qu'après une longue & vigoureuſe défenſe qu'il ſuccombe enfin , & perd , ſur le champ de Bataille , une vie que tout homme de courage & d'honneur dût regretter. Un autre des trois enfans , éprouva les traitemens les plus rigoureux. On peut dire que cette circonſtance fut pour la famille Barbot, l'occaſion la plus heureuſe d'une nouvelle illuſtration. Un pere , qui, pour la défenſe de l'Etat , ſe jette dans les combats, à la tête de ſes trois enfans , offre , ſans contredit , le ſpectacle le plus rare & le plus attendriſſant. Le parti ennemi en eſt jaloux ; & ne pouvant s'en venger ſur la perſonne de ces braves Gentilshommes , il exerce cette vengence ſur la fortune & les biens de Jean de Barbot , ſecond : le Château de Putruault , & cinq métairies qui lui appartenoient , ſont livrés au pillage , & à toutes les horreurs de la Guerre.

Ces faits ſont prouvés par la cinquante-huitieme piece de la production des Expoſans.

A ces titres qui ſont tous perſonnels à Pierre de Barbot de Goujonville , nous en ajoutons d'autres qui , ſans le regarder directement , n'en contiennent pas moins la preuve conſtante de ſa nobleſſe.

On voit , par le contrat de mariage de Jean de Barbot , du 29 Juin 1641 , que ce Jean de Barbot a été qualifié d'*Ecuyer.* Il étoit frere de

Pierre

Pierre de Goujonville; l'un ne pouvoit être noble que l'autre ne le fût aussi, puisqu'il ne paroît pas que Jean ait acquis personnellement la noblesse par aucune charge. Nous joignons un autre acte du 25 Juillet de la même année, portant constitution de rente au profit de ce même Jean de Barbot, où il est encore qualifié d'*Ecuyer*. Il y a la même réflexion à faire que sur l'acte précédent. Un procès-verbal de vérification d'une promesse sous signature privée, du sieur de Boireau, Capitaine, en date du 5 Janvier 1655, au profit de Jean de Barbot, second, qualifié de *Noble* : ce Jean de Barbot, second, étoit pere de Pierre de Goujonville ; le pere n'a pas pu être *noble*, que son fils ne le fût comme lui, & par lui, & par ses Ayeux. Une quittance donnée le 21 Avril 1646, par Messire de Virazel, à Messires Pierre de Boireau, beau frere de Jean de Barbot second, ou ce dernier, pere de Pierre de Goujonville, est encore qualifié de *Noble* : même réflexion à faire que sur l'acte précédent. Une donation du 12 Février 1648, faite par Pierre de Barbot, Chanoine, en faveur de Jean de Barbot, freres l'un & l'autre de Pierre de Goujonville, dans laquelle donation, Jean de Barbot, Donataire, est qualifié d'*Ecuyer* : il ne pouvoit l'être que comme son frere. Un contrat de vente consenti le 31 Janvier 1670, par Jean de Barbot, qualifié d'*Ecuyer* : il étoit frere de Pierre de Goujonville ; il puisoit, par conséquent, sa noblesse dans la même source. Un commandement, fait le 29 Janvier 1671, à la requête de ce même Jean de Barbot, sous le titre d'*Ecuyer*, qu'il devoit partager avec son frere Pierre de Goujonville. Un acte du 2 Juillet 1675, dans lequel la Demoiselle de Labrouhe, est dite, veuve de Jean de Barbot, *Ecuyer* : c'étoit le frere de Pierre de Goujonville ; il n'étoit pas plus noble que lui. Deux actes de procédure des 13 & 30 Avril 1676, où la Demoiselle de Labrouhe prend la qualité de veuve de Jean de Barbot, *Ecuyer*, dont étoit frere Pierre de Goujonville. Une transaction passée le 14 Novembre 1677, entre Pierre de Barbot, Chanoine, & Romain de Barbot, *Ecuyer*, son neveu, lequel étoit aussi neveu de Pierre de Goujonville ; ils jouissoient tous trois d'une noblesse qui leur étoit commune. Un exporle (reconnoissance) consentie le 27 Juin 1682, en faveur de l'Archevêque de Bordeaux, par ce même Romain de Barbot, *Ecuyer*, fils de Jean, *Ecuyer*, lequel étoit frere de Pierre de Goujonville. Un acte du 16 Avril 1684, au sujet des articles de mariage d'Isabeau de Barbot, fille de Jean, qualifié d'*Ecuyer* ; c'est toujours le frere de Pierre de Goujonville. Une quittance donné le 9 Août 1685, à la décharge de Romain Barbot, *Ecuyer* : il étoit neveu de Pierre de Goujonville ; & l'un & l'autre étoient nobles par les mêmes voies. Un arrêté de compte du 8 Septembre 1685, entre le sieur Bilon & la Dame de Labrouhe, qualifiée de veuve de Jean de Barbot, *Ecuyer*, dont la nobleſſe étoit la même que celle de Pierre de Goujonville, ſon frere. Une obligation du 20 Octobre 1690, conſentie en faveur du ſieur de Jugun, par la Dame de Labrouhe, qualifiée de veuve de Jean de Barbot, *Ecuyer*, dont Pierre de Goujonville étoit le frere, ſous le cautionnement de Romain de Barbot, ſon neveu, qualifié d'*Ecuyer*. Enfin, un arrêté de compte du 14 Août 1691, relatif a une obligation conſentie par le ſieur de Saize, au profit de Jean de Barbot, *Ecuyer*, lequel étoit fils de Jean ſecond, & frere de Pierre de Goujonville, & partageant avec eux une nobleſſe qui leur venoit de leurs ayeux.

Pourroit-on mieux affirmir la nobleſſe de Pierre de Barbot de Goujonville, ayeul des Expoſans ? On aura de la peine à croire qu'on ſe ſoit permis de la révoquer en doute.

Malgré cela, l'Inſpecteur Général du Domaine prétend que cette nobleſſe s'évanouit ſur la tête de Pierre de Barbot de Goujonville, par un effet de ſa dérogeance, marquée, dit-on, par trois faits. 1º. Il a été cottiſateur & collecteur de Saint-Emillion : 2º. Il a été mis pluſieurs fois à la taille ; 3º. Il a pris un bail judiciaire ; 4º. Enfin, Denis-Romain Barbot ſon frere, condamné comme uſurpateur de nobleſſe, s'eſt ſoumis à l'amende prononcée contre lui. Les habitans de Saint-Martin de Mazerac adoptent auſſi ces objections

& se réunissent à cet égard à M. l'Inspecteur Général du Domaine.

En reprochant à Pierre de Barbot de Goujonville, d'avoir été cottisateur à Saint-Emillion, M. l'Inspecteur Général s'appuie sur deux Actes qui ont été produits par les habitans de Mazerac, qui, de leur côté, portent plus loin leurs prétentions; ils veulent que ce Pierre de Barbot ait aussi été Receveur des impositions publiques.

Ces deux Actes qui sont des 27 & 30 Décembre 1674, ne peuvent faire aucune foi en Justice : une foule de raisons vont en convaincre. Ce ne sont que deux copies qui ont été collationnées le premier Juin 1764, *parte non vocatâ nec auditâ*, quoique le procès fût dès-lors pendant à la Cour des Aydes. Il est de régle, suivant la doctrine de Dumoulin, sur la Coutume de Paris, *verbo*, dénombrement : §. 8, nombre 60, que les collationnés faits sans autorité de Justice, & sans Parties appellées, ne font aucune preuve. La Peyrere en a fait une décision, lettre P. nombre 114. D'ailleurs, les deux collationnés dont il s'agit, sont d'autant plus suspects, qu'ils sont faits par ce même Ducarpe, Notaire, qui est ici la Partie secrette, le moteur & l'artisan de ce procès; & ce qui justifie ce soupçon, c'est que ce Notaire a agi contre la disposition de l'Ordonnance de François I, du mois d'Août 1539, art. 117, qui défend expressément, « à tous

» Notaires & Tabellions, de montrer & com-
» muniquer leurs Regiſtres, Livres & protoco-
» les, fors aux contractans, leurs héritiers &
» ſucceſſeurs, ou autres auxquels le droit deſdits
» contrats appartiendroit notoirement, ou qu'il
» fût ordonné par Juſtice ».

A quoi l'article 178, ajoute que, « depuis que
» les Notaires auront une fois délivré à chacune
» des Parties, la groſſe des Actes, ils ne les pour-
» ront plus bailler, ſinon qu'il ſoit ordonné par
» Juſtice, Parties ouies, à peine, ſuivant l'ar-
» ticle 179, de privation de leurs Offices, &
» des dommages intérêts des Parties; & en ou-
» tre, d'être punis comme fauſſaires, quant à
» ceux qui auront délinqué par dol évident &
» manifeſte calomnie.

Telle eſt auſſi la Doctrine de Mornac, ſur la
Loi VI, §. 4. Dig. *De edendo*, où il obſerve
que le Notaire qui contrevient à l'Ordonnance
qu'on vient de citer, mérite d'être châtié à l'arbi-
trage du Juge.

Mais, outre que ces collationnés ne méritent
aucune créance, il paroît encore que l'original
d'un des deux actes, n'eſt pas ſigné du Notaire;
c'eſt Ducarpe lui-même qui l'atteſte: or la mi-
nute d'un acte non ſignée du Notaire, n'eſt qu'un
chiffon, parce que c'eſt la ſignature de cet Officier public, qui donne l'exiſtence à l'acte, &
qui fait la preuve de la vérité de ce qu'il ren-
ferme: il y a d'ailleurs dans cet acte des lacunes

& des blancs : Boniface, tom. I. liv. 1 tit. 20 nomb. 12, observe que l'affectation de laisser ainsi des blancs, est un indice de fausseté ; & que ces espaces en blanc, font une espèce d'infidélité digne de l'animadversion des Magistrats. Cet acte est encore plein d'apostilles & de renvois, dont on ne voit aucun rapport avec le corps de l'acte : en un mot c'est un écrit vague qui ne mérite aucune foi.

L'autre acte du 27 Décembre de la même année, n'en mérite pas davantage : car, outre qu'on n'y trouve aucun sens, Ducarpe déclare lui-même qu'il y a des mots raturés ; radiations qui ne font approuvées ni du Notaire, ni des témoins ; ce qui rend cet écrit radicalement nul.

Enfin, quand ces deux pieces seroient revêtues de toutes les formes probantes, elles ne prouveroient rien contre les Exposans ; car, s'il est certain, comme on le fera voir dans un instant, que payer la taille, n'est pas une marque infaillible de roture ; à plus forte raison, asseoir & répartir cette imposition, n'est pas un acte de dérogeance : MM. les Intendans Commissaires départis, font des rôles & des taxes d'Office, & en cela ils font véritables cottisateurs. Les Maires, Capitouls, Echevins, Jurats & Consuls des Villes sujettes à la taille, & non abonnées, font les rôles, & cottisent eux-mêmes chaque habitant, ils représentent le peuple ils font Collecteurs nés, Collecteurs principaux de leurs Villes &

Communautés ; ils répondent folidairement du paiement de la taille, fuivant Defpeyfles, tom. III. tit. 2, art. 14, fect. 2 nomb. 7. Il y a des Gentilshommes parmi ces Officiers Municipaux; peut-on dire qu'ils dérogent dans ces places, & qu'ils perdent leur privilége ?

Les Romains ne regardoient pas la levée des impôts, comme une fonction vile & abjecte, *exigendi tributi munus inter fordida munera non habetur, & ideò Decurionibus quoque mandatur. Leg. libertus, 17 § 7 dig. ad Municipal. & de incolis.* Defpeyfles au lieu cité, tit. 4 fect. 1 nomb. 13, rapporte des Arrêts qui ont obligé dans certains cas, des Prêtres, des Syndics de Chapitre, & des Gentilshommes à faire la collecte de la taille. En un mot, ce n'eft point déroger à la Nobleffe, ni renoncer à fon privilége, que de fe prêter aux befoins de fa Communauté, & de contribuer aux néceffités publiques; il n'y a ni Edits, ni Déclarations, ni Réglemens qui mettent ces fonctions parmi les dérogeances. On voit au contraire, un Arrêt de la Cour des Aydes de Bordeaux, rendu il y a 16 ans en faveur du fieur Laburthe, Ecuyer, qui lui permit de faire la collecte, nonobftant l'oppofition que formoit la Communauté attendu fa qualité de Noble.

Pour raifonner dans l'efpèce de Pierre de Barbot de Goujonville, les Expofans font informés qu'il a été Maire de Saint-Emillion ; conféquemment la qualité de cottifateur pendant ce tems-là, étoit de néceſſité pour lui, ſans qu'elle ait pu nuire à ſon état particulier, & d'origine.

On ne trouvera nulle part, comme l'a lui-même remarqué M. l'Inſpecteur Général du Do-maine, qu'on ceſſe d'être Noble, parce qu'on a été impoſé à la taille. Il eſt arrivé, dit la Roque dans ſon traité de la Nobleſſe, à la fin du chap. 64, que des plus anciennes & des plus illuſtres familles, ont été impoſées aux tailles, ſoit par malice, ſoit par ignorance, ou par animoſité & vengeance; elles n'ont pas ceſſé pour cela d'être Nobles : s'il en étoit autrement, il n'eſt pas de Gentilhomme, qu'on n'oſât dégrader ſans crainte : c'eſt donc un principe inconteſtable que payer la taille, ſur-tout d'une maniere iſolée, vague & momentanée, n'eſt pas un acte de ro-ture ; comme ne pas la payer, n'eſt pas une mar-que de Nobleſſe. Cette maxime nous eſt atteſtée par tous les Auteurs, par Tiraqueau *de Nobilitate*, par Gui Pape queſt. 587, par la Roque, chap. 89; par Raviot ſur Perrier, tom. II. queſt. 302, où il s'explique en ces termes. « Ce n'eſt point » déroger à la Nobleſſe, ni renoncer à ſon pri-» vilége que de payer la taille, toute contribu-» tion ou néceſſités publiques, n'eſt ni baſſe, » ni vile ; un Noble compris dans un rôle de Ro-» turier, n'eſt point dégradé »,

Mais tout ce qui vient d'être dit, n'eſt qu'une queſtion oiſeuſe par rapport à l'eſpèce où nous ſommes.

fommes. Il eſt certain que Pierre de Barbot de Goujonville, n'a pas été impoſé à la taille. Pour premiere preuve de leur allégation, les Adverſaires produiſent un rôle de 1676, qu'ils ont l'inattention, pour ne pas dire l'inexactitude, de qualifier de rôle à tailles, tandis que ce n'eſt qu'un *également* ou une répartition des dettes de la Communauté de Saint-Emillion. Pierre de Barbot de Goujonville, eſt en effet cottiſé ſur ce cahier; mais on ne doit pas dire pour cela, qu'il ait été impoſé à la taille : il n'a fait que contribuer aux dettes de ſa Communauté : c'eſt une charge que tous les autres Nobles ont dû partager avec les Roturiers : on y voit en effet le ſieur Simard, connu pour être une des meilleures Maiſons Nobles du pays.

On nous oppoſe encore un rôle de 1712, à l'égard duquel on ne ſe pique pas plus d'exactitude, qu'au ſujet du premier. On s'en ſert comme d'un rôle des tailles, ſur lequel on prétend que Pierre de Barbot de Goujonville a été compris. Ce rôle n'eſt que celui du dixieme des revenus de la Paroiſſe de Montaigue : il ne ſeroit pas étonnant que Pierre de Barbot de Goujonville, quoique Noble, y eût été cottiſé : tout le monde ſçait que le Noble comme le Roturier, doit payer le dixieme de ſes revenus.

Enfin on parle de cinq extraits de rôles des tailles pour les années 1691, 1694, 1699, 1712 & 1717. Dans aucun de ces rôles, on ne trouve

T

Pierre de Barbot *de Goujonville* : c'eſt un *Pierre
Barbot* ſimplement : il eſt certain que ſous cette
ſimple dénomination, ce n'eſt pas le ſieur de
Goujonville qu'on a déſigné : cela eſt d'autant
plus vrai, que jamais on n'a nommé le ſieur de
Barbot ayeul des Expoſans, jamais il n'en a été
fait mention dans aucun des actes que les Adverſaires eux-mêmes produiſent, & dans ceux
que nous rapportons, que le ſurnom de *Goujonville* n'ait été ajouté. Il ſeroit bien ſingulier,
que cette omiſſion n'eût préciſément & uniquement été commiſe, que lorſqu'il auroit été
queſtion de l'impoſition à la taille. Il y a eu de
tout tems, & il y a encore dans Saint-Emillion & dans les Paroiſſes qui ſont limitrophes
auſſi bien que dans la Province, une multitude
de familles roturieres connues ſous le nom de *Barbot* : il n'en eſt peut-être aucune d'où il ne ſoit
ſorti des perſonnes, qui au nom de *Barbot* qu'elles tenoient de leur origine, n'aient ajouté celui
de Pierre : on a donc bien facilement pu ren-
contrer des contribuables ſous le nom de *Pierre
Barbot.* Un ſeul homme a été connu ſous celui *de
Pierre de Barbot de Goujonvible* ; & c'eſt celui-là
même qu'on ne voit compris dans aucun rôle des
tailles : Pourquoi donc à la faveur de l'éloignement des époques, faire retomber ſur lui des faits
qui ne le concernent ni ne peuvent le concer-
ner, qui s'appliquent à des perſonnes évidemment différentes ? » Si l'on permettoit de reve-

» nir fur la chofe jugée, difoit le Défenfeur de
» nos Adverfaires (lors de la caufe du fieur de
» Melet qu'il a plaidée) fous prétexte de pareil-
» les pieces, il n'y a point de Maifons en France,
» qui fût à l'abri de pareilles atteintes, foit parce
» que fouvent, il eſt facile de lire comme on
» veut les titres anciens, qui pour la plupart du
» tems ont été très-mal confervés; *foit parce que*
» *les noms des familles les plus illuſtres, leur font*
» *prefque toujours communs avec d'autres familles*
» *roturieres* ».

Suppofons que Pierre de Barbot vécût, & qu'il eût des contrats fur l'Hôtel de Ville de Paris: on connoît les principes de ce Bureau, & les précautions que l'on y prend pour s'affurer de l'identité des créanciers : qu'une perfonne avec le nom bien prouvé de *Pierre Barbot*, fe préfentât pour reçevoir la rente due à *Pierre Barbot de Goujonville*; on ne doutera pas que ce *Pierre Barbot* n'éprouvât un refus, attendu la différence qui fe trouveroit entre fon nom de *Pierre Barbot*, & celui de *Pierre Barbot de Goujonville*, énoncé dans le contrat de rente. On diroit avec raifon, ce font deux individus dont l'un eſt créancier, & l'autre ne l'eſt pas.

C'eſt par les mêmes régles de vérité, de fageſſe & de prudence, que les Magiſtrats doivent voir dans ce *Pierre Barbot*, qui fut impofé à la taille en 1691, 1694, 1699, 1712 & 1717, une autre perfonne que *Pierre de Barbot de Goujonville*.

Si ce Pierre de Barbot de Goujonville eût payé la taille, comment n'auroit-il pas aussi payé les droits de franc-fiefs, qui sont une marque infaillible de roture, aulieu que le paiement de la taille n'en est point une? Jamais on n'a contesté que Pierre de Barbot de Goujonville n'eût possédé des fiefs; il en réunissoit plusieurs, & notamment celui de Pleineselve & celui d'Andron, pour lesquels non-plus que pour aucun autre, il n'a jamais été recherché sous prétexte du droit de franc-fief.

On voit d'après des observations aussi justes & aussi précises, que jamais Pierre de Barbot de Goujonville n'a été imposé à la taille. Les Adversaires sont donc bien répréhensibles d'avoir prétendu contre l'évidence du fait, qu'il y ait été compris comme le dernier des roturiers. Mais de quel nom appeller cette liberté avec laquelle ils ont osé dire qu'il l'avoit payée *pendant plus de 40 années?* Est-ce après l'illusion d'un grand mot que les Adversaires ont aspiré, quoiqu'il ne contint qu'une fausseté frappante? La vérité a donc pour eux bien peu d'attraits! On doit toujours tenir pour certain, que c'est un *Pierre Barbot*, & non pas *Pierre Barbot de Goujonville*, qui a été imposé à la taille: & l'on va voir si ce *Pierre Barbot* l'a en effet payée pendant 40 ans, comme les Adversaires n'ont pas rougi de le certifier. C'est au rôle de 1676 dont nous avons déjà parlé, qu’ils fixent la premiere époque du paiement des tailles, par *Pierre Barbot* : mais on a vu que ce n’étoit point un rôle de tailles : ce n’étoit qu’une répartition des dettes de la Communauté, auxquelles le Noble comme le Roturier est obligé de contribuer.

En partant de ce rôle de 1676, qui n’est point un rôle de tailles, les Adverfaires perpétuent le paiement de cetteim pofition par *Pierre Brbot*, jufqu’en 1717, qui est le dernier extrait de rôles qu’ils produifent : & ils s’écrient; *il a payé la taille pendant plus de 40 ans* ! & dans ce long intervale de tems, combien y a-t-il eu de cottifations faites de la perfonne de ce *Pierre Barbot?* Les Adverfaires ne nous en font compter que cinq : car ce font eux qui les ont produites; fçavoir, les années 1691, 1694, 1699, 1712 & 1717 : ce n’est donc que cinq années de paiement de tailles, & non pas *plus de 40 ans.*

Enfin, & pour ne rien négliger dans une affaire d’une telle importance, veut-on que l’impofition à la taille ou le paiement qu’on en fait, foit un acte dérogeant à la Noblesse, quoique tous les Auteurs fe réuniffent pour attefter le contrat : veut-on que fous la dénomination de *Pierre Barbot*, on ait défigné *Pierre Barbot de Goujonville* ayeul des Expofans; qu’il ait payé cinq fois la taille en 40 ans? Dans ces deux cas même, il n’en réfulteroit rien de contraire à la Noblesse des Expofans ; & ce n'eft pas feulement parce que c'eft une nobleffe d'extraction, qui ne fçauroit fe perdre par la faute d'un feul, ainfi que nous le ferons voir dans un inftant ; mais encore parce qu'à l'époque de la premiere impofition, faite de la perfonne de *Pierre Barbot* en 1691, le fieur Jean Barbot de Fonbonne, fils de Pierre Barbot de Goujonville, & pere des Expofans, étoit déjà né, & qu'il ne devoit point participer à la dérogeance de fon pere, en fuppofant toujours qu'il fe fût mis dans ce cas.

Quand un Noble a dérogé, pour connoître l'effet de la dérogéance par rapport à fes enfans, on diftingue le cas où l'enfant eft né avant la dérogeance du pere, de celui où la dérogeance a précédé la naiffance du fils ; dans ce dernier cas, l'enfant participe à la dérogeance du pere, parce qu'en naiffant, devant fuivre la condition de fon pere, telle qu'il l'a alors, il fe fait en lui une impreffion de la tache de roture, que le pere s'eft imprimée fur lui-même par fes actions dérogeantes ; il n'y a point d'Auteurs qui ayant parlé de la Nobleffe, ne foient convenus de ces principes.

A l'égard de l'enfant né avant la dérogeance, il n'en eft pas ainfi, cet enfant, qui comme nous venons de l'obferver, a pris en naiffant la condition de fon pere, eft néceffairement né Noble, puifque fon pere l'étoit lui-même : *liberi matrem quoad libertatem, patrem quoad familiam fe-*

quuntur. Reg. Jur. Dès lors cet enfant a acquis irrévocablement fon état, fans qu'il fût au pouvoir du pere d'y apporter le plus leger changement : que fi le pere déroge enfuite, cette dérogeance lui fera perfonnelle, & la tache qui en réfultera, s'imprimera fur lui feul, fans qu'elle puiffe s'étendre fur fon fils déjà né : tous les Auteurs fe réuniffent fur la vérité de cette décifion, mais un Réglement fait au Confeil d'Etat en 1661, en contient une difpofition précife dans l'art. VIII. Il y eft réglé « que les en-» fans & defcendans d'un Noble, ne feront te-» nus de rapporter aucune lettre de réhabilita-» tion, fi leur pere & leur Auteur n'ont fait des » actes de dérogeance avant leur naiffance ».

Or le fieur Jean de Barbot de Fonbonne, pere des Expofans étoit né en 1691, premiere époque de la taille qu'on ofe attribuer à Pierre Barbot de Goujonville fon pere. La naiffance de Jean de Barbot de Fonbonne, eft fixée au 22 Janvier 1678, d'après fon extrait baptiftaire rapporté par les habitans de Mazerac eux-mêmes. Son état lui étoit donc irrévocablement acquis, dès le premier inftant de fa naiffance, & fon pere n'eût jamais pu, par des faits dérogeants poftérieurs, l'altérer & le changer en aucune maniere.

Le bail judiciaire dont on reproche à Pierre de Barbot de Goujonville de s'être chargé, étoit

celui d'une partie des biens de la Demoiselle Pipaud fa fœur uterine, & fa débitrice : ce bail
n'étoit que de la fomme de 290 liv. chaque année.
Nous aurons deux chofes à prouver à cet égard,
1°. qu'un Gentilhomme qui eft créancier d'une
partie faifie, peut en être le fermier judiciaire,
s'il n'y paroît engagé par aucun autre motif,
que pour la confervation de fon gage & le recouvrement de fa créance. 2°. Que Pierre de
Barbot de Goujonville, étoit créancier de la
Demoifelle Pipaud, & qu'il avoit intérêt en
cette qualité, à fe faire adjuger les biens faifis.

Par rapport à la premiere preuve, il fuffiroit
d'obferver que ce n'eft pas le bail en foi qui fait
la dérogeance ; c'eft le gain vil & fordide que
le Baillifte fe propofe d'y faire ? c'eft *ce gain vil
& fordide*, qui déroge à la Nobleffe de laquelle
le propre eft de vivre de fes rentes, ou du
moins de ne point vendre fa peine & fon labeur,
comme le dit Loyfeau, chap. V, nomb. 106.

C'eft auffi d'après ce principe, que les Auteurs
décident que tout bail pris par convenance,
par commodité, ou pour foulager fon débiteur,
ou pour quelque intérêt perfonnel a la confervation de la chofe fur laquelle on a des droits ;
ou enfin pour un tems fi court, qu'on ne puiffe
foupçonner aucune vue de lucre, n'emporte point
de derogeance. Tiraquau *de Nobilitate* chap. 37.
La Roque pag. 585. Duchalard fur l'art. 109,
de l'Ordonnance de Charles IX. En un mot,

la

153

la dérogeance est fondée sur le motif & non sur le fait en lui-même. Ainsi, l'on ne déroge point quand on se rend fermier d'une maison de campagne pour l'agrément, pour y aller prendre l'air : un Gentilhomme qui manquant de bois dans sa terre, prend à ferme quelques arpens de taillis, ne tombe point dans le cas de dérogeance. Il en est de même s'il se rend fermier judiciaire des biens de son débiteur saisi, parce qu'il est de son intérêt de faire valoir ce bien, & d'empêcher qu'il ne se dégrade.

Toutes ces exceptions, & notamment la derniere, sont consacrées par des Arrêts. Il y en a un du 27 Août 1608, dans les Plaidoyers de Corbin, pag. 125, qui a jugé que le bail judiciaire des biens du mari, pris par la femme, n'emportoit point de dérogeance. Un Arrêt de la Cour des Aydes de Paris du 29 Février 1732, a jugé la même chose en faveur d'un Gentilhomme, qui s'étoit rendu fermier judiciaire de son débiteur ; cet Arrêt est rapporté par l'Auteur du Mémorial des tailles, *verbo Noble.* Un autre Arrêt de la même Cour du 10 Juillet 1710, rapporté par le même Auteur, a jugé que la Dame de Boilli n'avoit pas dérogé, pour s'être fait céder par son fermier, un autre bail qu'il tenoit, mais qu'elle avoit bientôt après rétrocédé, parce que disoit alors M. l'Avocat Général Bellanger, *cette dérogeance n'étoit qu'une chose momentanée.* C'est enfin ce que le Parlement de Bordeaux a formellement décidé le 25 Mai 1762, fur les Conclufions de M. Dudon Avocat Général de cette Cour, à l'occafion de la fucceffion du fieur de Joguet, dont le partage noble a été ordonné, quoiqu'il fût prouvé que le feu fieur de Joguet eût été fermier judiciaire de la Terre de Tarnès.

Quoique l'Ordonnance d'Orléans, art. 109, prononce la peine de la déchéance des privi-léges de nobleffe contre les Gentilshommes, *qui font trafic de marchandifes & prennent ou tien-nent fermes* ; cependant cette Ordonnance a dans fon exécution, des exceptions comme toutes les autres Loix. Si ce n'eft point en vue de faire le commerce, ou d'un gain fordide, qu'un Noble ait pris un bail ; que des vues éloignées telles que la confervation de fa créance, l'y aient déterminé ; ce n'eft certainement pas alors fe trouver dans le cas de la prohibition de la Loi, qui n'a voulu écarter de la conduite des nobles, que tout ce qui pourroit fe reffentir du trafic & d'un commer-ce de détail, car il eft certain que le commerce en gros eft permis à nos Gentilshommes. C'eft dans ce fens que de la Roque, dit dans fon traité de la Nobleffe, chap. 154, qu'un Noble n'a point dérogé pour avoir pris la ferme de quelques dixmes, autrement tout le Royaume feroit plein de dérogeances : ce qui lui fait em-braffer ce fentiment, vient de ce que ces nobles ne prennent ordinairement la ferme d'une por-tion des dixmes, que pour ne pas s'expofer aux

incivilités & aux manquemens des domeſtiques
des décimateurs.

Croira-t'on qu'un bail de 290 liv. dont les pro-
fits n'euſſent peut-être pas été d'une piſtole chaque année, ait pu devenir un objet d'ambition
aſſez important, pour qu'un Gentilhomme ait
voulu s'en charger, & lui ſacrifier ſa nobleſſe ?
Pierre de Barbot de Goujonville, en prenant le bail
judiciaire des biens ſaiſis ſur la Demioſelle Pipaud,
ſa ſœur utérine, avoit d'autant moins en vue
le gain & le profit, que dans la même année il
l'a cédé pour le même prix ; c'eſt ce qui eſt
juſtifié par les propres piéces de nos Adverſaires.
Et ce qui prouve encore qu'il ne ſe propoſoit
autre choſe que de veiller à la conſervation de
cés héritages, pour aſſurer ſa créance, c'eſt
qu'il a eu le ſoin de ne céder ce bail qu'à
une perſonne créanciere & intéreſſée comme
lui a cette conſervation, mais qui n'étant pas
noble, ne devoit point avoir la même déli-
cateſſe que Pierre de Barbot de Goujonville. C'eſt
au ſieur Labayſme, que cette ceſſion fut faite
ainſi que cela s'établit par la production des
habitans de Mazerac. Le ſieur Labayſme étoit
beau-frere de Pierre de Barbot de Goujonville,
avoit épouſé Anne Barbot ſa ſœur, & par-
tageoit avec lui, la créance conſidérable que
cette famille avoit à exercer contre la Demoiſelle Pipaud, Partie ſaiſie, leur ſœur utérine

V ij

d'un premier mariage de Marie Boireau leur mere avec Hervé Pipaud.

Créance de Pierre de Barbot de Goujonville fur la Demoifelle Pipaud, Partie faifie.

Il faut prouver que Pierre de Barbot de Goujonville, qui a été fermier judiciaire pour une fomme de 290 liv. des biens faifis fur la Demoifelle Pipaud, étoit créancier de cette partie faifie.

Il eft conftaté par le contrat de mariage de Jean de Barbot fecond du nom, & de Marie Boireau, fa feconde femme, pere & mere de Pierre de Barbot de Goujonville adjudicataire, que la Dame Marie Boireau avoit été mariée en premieres nôces avec le fieur Hervé Pipaud dont elle avoit eu deux filles, Marie & Charlotte.

Par un Acte du 23 Décembre 1628, on voit que Marie Boireau, veuve d'Hervé Pipaud a fommé le fieur Jean Pipaud fon beau-perecomme ayeul & légal adminiftrateur de fes petits-enfans, de lui faire raifon de fes reprifes & conventions matrimoniales; & que cette Marie Boireau avoit des droits & des fommes confidérables à répéter fur les biens de fon mari. Ces droits ont été tranfmis à fes enfans du fecond mariage, avec Jean de Barbot fecond du nom. Au nombre de ces enfans étoient Pierre de Barbot de Goujonville, & Denis-Romain de Barbot. La preuve de cette créance réfulte encore d'un accord paffé entre ce

Denis-Romain Barbot & le ſieur Boireau beau-
pere, en conſéquence d'une Sentence de 1671.
Les biens d'Hervé Pipaud ayant été ſaiſis ſur
la tête de Marie Pipaud, l'une de ſes deux filles
& ſœur utérine de Pierre de Barbot, ce dernier
pour la conſervation des droits qu'il avoit à
répéter ſur ces biens du chef de ſa mere, s'en
fit adjuger le bail judiciaire, comme on l'a vu,
moyennant 290 liv.

Indépendamment des titres dont nous venons
de parler, indicatifs de la créance de Pierre de
Barbot de Goujonville ſur la Demoiſelle Pipaud
ſa ſœur, nous en réuniſſons d'autres qui conſ-
tatent les pourſuites faites contre elle, ou contre
ſon tuteur, pour le recouvrement de la même
créance : c'eſt la dot de la mere de Pierre de
Barbot de Goujonville, ce ſont ſes conventions
matrimoniales qu'il s'agiſſoit de répéter contre
la Demoiſelle Pipaud ſa fille ; des Arrêts en
ont prononcé la condamnation ; les Expoſans
rapportent toutes ces piéces.

Ainſi dès que Pierre de Barbot étoit incon-
teſtablement créancier de la famille des Pipaud;
que le bail judiciaire par lui pris, étoit un arran-
gement entre parens, ainſi que cela réſulte de
la modicité du prix du bail, & des qualités de
frere & de ſœur qui lioient Marie Pipaud, Partie ſaiſie, & Pierre de Barbot de Goujonville,
on ne peut pas dire d'après les principes que
nous venons d'expoſer, que ce bail judiciaire

ait été un acte dérogeant de la part de Pierre de Barbot de Goujonville. Ce n'étoit pas dans l'objet de gagner, ni dans aucune vue d'intérêt fordide qu'il l'avoit pris; c'étoit uniquement pour ne pas perdre fon gage, pour s'en conferver la valeur, *non certabat de lucro captando, fed de damno vitando*. On ne doit point croire qu'un homme qui s'étoit marié comme noble, qui en avoit pris la qualité dans fon contrat de mariage, qui avoit eu l'honneur, comme Gentilhomme, d'être appellé deux fois avec tous les autres Gentilshommes de la Province, qui étoit iffu d'ayeux qu'on n'avoit ceffé de connoître fous les titres honnorables de *Nobles* d'*Ecuyers*, de *Meffires* & *de Barons*, dont la mere avoit toujours pris foigneufement celui de veuve de noble, dont les freres & les fœurs n'avoient jamais contracté fous d'autres qualifications : on ne doit pas croire, difons nous; que cette même perfonne ait jamais entendu, ni voulu, dans le bail judiciaire dont il vient d'être parlé, déroger, fe dégrader & perdre fes priviléges de noble; préférer de ramper dans la claffe roturiere, à vivre dans l'éclat d'une nobleffe de race & d'extraction; enfin manquer à l'honneur, aux fentimens, à ce qu'il devoit à ces ancêtres, à fa famille, à lui-même; & encore, pour quel objet ? pour un bail judiciaire de 290 liv.

Mais quand il feroit vrai que Pierre de Bar-

La dérogeance dans le cas de la Nobleffe d'extraction ne nuit point au defcendans.

bot de Goujonville, ayeul des Expofans, auroit dérogé, ce que nous fommes loin d'accorder & de croire ; en le fuppofant pour un moment ; on ne pourroit pas dire que les Expofans en fuffent pour cela moins nobles de race & d'extraction, du chef de leurs autres ancêtres ; il fuffit pour le prouver de rappeller les principes à cet égard.

Monfieur Joly de Fleury portant la parole lors d'un Arrêt rendu fur cette matiere, à la Cour des Aydes de Paris, le 9 Août 1702, rapporté au 5e vol. du Journal des Audiances, remarquoit deux chofes dans la nobleffe, le caractere de la nobleffe & les effets de la nobleffe. Le caractère de la noblffe eft ce qu'on appelle *fama honos claritas* : c'eft ce qui conftate l'état du Noble & le diftingue du roturier : les effets font les priviléges, les exemptions, les rangs, les féances, qui font une fuite de la nobleffe.

Le caractère de la nobleffe eft une marque morale qui s'imprime en la perfonne Noble ; c'eft ce qui a fait dire à Expilly, que la nobleffe eft le fang le plus pur du corps de l'État. Cette marque fe tranfmet avec les principes de vie, & fe trouve tellement attachée à la perfonne, qu'elle ne peut en être féparée. Tous les Auteurs * conviennent, que le noble n'a pas le droit de renoncer au caractere de nobleffe, d'en intercepter le cours & d'empêcher qu'il ne paffe à fes defcendans, parce que leur vocation pro-

* Loïfeau, ch. 5 n°. 90. De la Roque, ch. 155. D'Argentré fur l'art. 155 de la Coutume de Bretagne, tom. 2. n°. 1. Chaffanée, fur celle de Bourgogne. Rébuffe, fur les Ordon. Royaux, tom. 2.

vient du bénéfice de la Loi, qui a voulu que l'on fuccédât à la nobleffe par la naiffance; c'eft un droit de la nature, c'eft celui du fang : & comme il n'eft poffible a qui que ce foit de rompre les liens de la confanguinité, *quia jura fanguinis nullo jure civili dirimi poffum*, *Lege 8 Dig. de Reg. Jur.* Il ne l'eft pas d'avantage d'arrêter la nobleffe, qui fe communique avec le fang.

Il n'en eft pas ainfi des effets de la nobleffe. Ce font des priviléges perfonnels, auxquels il eft permis de renoncer. *Qui libet favori pro fe introducto renuntiare poteft.* Ce qui n'a point d'aplication pour le caractere de la nobleffe, parceque, 1°. il ne feroit plus indélébile, comme il l'eft effentiellement; 2° parce que ce caractere n'eft pas introduit pour un feul homme, mais pour fes defcendans à perpétuité, fans qu'il puiffe leur porter préjudice, par une rénonciation.

La renonciation, par rapport aux effets de la nobleffe, & que l'on appelle la dérogeance, peut être confidérée de deux manieres; ou comme une renonciation faite aux priviléges de la nobleffe, ou comme une chofe prohibée par la Loi, qui fait perdre ces priviléges : dans l'un & l'autre cas, la renonciation ou la dérogeance fait bien perdre à celui qui déroge, les effets & les priviléges de la nobleffe, mais elle ne peut jamais lui en enlever le caractere

qui

qui de fa nature eft ineffaçable : nous atteftons avec confiance à cet égard le témoignage de tous les Auteurs ; & notamment celui de Guy Pape, dans fa décifion 196.

Si le pere en dérogeant, ne perd pas le caractere qui lui eft inhérent de la Nobleffe, que lui ont tranfmis fes ayeux, il en prive bien moins encore fes enfans qui ne le reçoivent pas de lui feul. C'eft le fentiment de Loifeau n° 99; c'eft celui de Chaffanée fur la Coutume de Bourgogne, qui s'exprime ainfi. « un pere qui » feroit Noble de race, ne peut préjudi- » cier par l'exercice des Arts Méchaniques à fes » enfans, encore qu'ils fuffent conçus & nés » au tems que leur pere exerçoit l'art mécha- » nique. » C'eft ce qu'à très-énergiquemens ex- primé Antoine Faber dans fon Code Liv. 9 titr. 28 Déf. 1. Comme les paroles en font très importantes pour notre fujet, il eft néceffaire de les rappeller. « *Qui nobilitatem habet ab avis* » *& proavis, non idcirco eam amittit quod pa-* » *trem habuerit qui Mechanicas forte & obfcu-* » *ras Artes exercent ; abfurdum enim à patre folo* » *auferri filio fuit, quod non à folo patre filius* » *habet.* »

« La nobleffe de race ne fe perd point, dit » de la Roque, chap. 155, ni par le délit ni par » l'infamie, ni par la fentence de condamna- » tion, laquelle ne peut nuire aux enfans, ni » même à ceux qui feroient conçus depuis la

X

» prononciation de l'Arrêt & de la Sentence;
» car ils doivent-être reconnus pour Gentils-
» hommes, du chefs de leurs autres An-
» cêtres. »

Lorſque nous avons entrepris de prouver, comme nous nous flatons d'y avoir réuſſi, que le Noble qui déroge, n'eſt point déchu du caractere de la nobleſſe, qu'il n'en perd que les effets, & qu'il n'enleve ni l'un ni l'autre à ſes deſcendans, nous avons eu intention de faire ſentir, qu'en enviſageant les choſes, ſous les points de vue même les plus favorables à la paſ-ſion de nos Adverſaires, leur ſyſtême n'en croule pas moins, & les droits des Expoſans n'en conſervent pas moins toute leur vertu.

REPONSE à la condamnation éprouvée par Denis-Romain Barbot.

Denis-Romain Barbot, ſelon nos Adverſaires, a été condamné à une amende de 174 liv. comme uſurpateur de nobleſſe, par Jugement du 12 Avril 1667; ce n'étoit pas, dit-on, une ſimple dérogeance qu'on lui reprochoit lors de ce Juge-ment, c'étoit une uſurpation de nobleſſe; il s'enſuit, concluent les habitans de Mazerac, qu'il n'étoit pas noble d'origine, & que Pierre de Bar-bot de Goujonville, ſon frere ne pouvoit pas l'être plus que lui.

Nous avons déja fait voir quelle eſpece de preuve on rapporte de cette prétendue condam-nation; on n'en produit point le Jugement, il en eſt ſeulement fait mention dans un rôle des amendes arrêté au Conſeil le 18 Octobre 1667;

& ce qu'il y a de bien remarquable, c'est que le montant de l'amende relatif à Denis-Romain de Barbot, a été laissé en blanc, ce qui n'annonce qu'un projet de condamnation, non consommé & que Denis-Romain Barbot aura prévenu.

D'ailleurs en supposant cette condamnation certaine, quelle qu'en puisse avoir été la cause, il est constant que les effets n'en doivent rejaillir que sur Denis Romain ; ils ne sçauroient tirer à conséquence contre Pierre de Barbot de Goujonville, ni contre ses autres freres & sœurs, s'ils étoient véritablement nobles de naissance, s'ils en ont publiquement pris les titres & les qualités, sans que jamais ils aient été recherchés ni inquiétés : c'est ce qu'il s'agit encore d'examiner.

Jean de Barbot second du nom, eut sept enfans, Pierre de Barbot de Goujonville, ayeul des Exposans, Denis-Romain de Barbot qui a éprouvé la prétendue condamnation, Jean de Barbot, célébre Avocat au Parlement de Bordeaux & Jurat de la même ville ; Pierre de Barbot Chanoine Aumonier à Saint-Emillon, Anne de Barbot mariée au sieur Labaysme, Marie de Barbot, mariée au sieur Berthomieux, & Louise de Barbot Religieuse à Fontevrault.

On ne peut pas douter que Pierre de Barbot de Goujonville n'ait été reconnu pour Noble : il prend dans son contrat de mariage la qualité de *Messire* : celle de *Noble* lui est donnée dans le contrat de mariage de Marie de Barbot sa sœur, avec le sieur Berthomieux ; deux fois on l'a vu convoqué & appellé comme les autres Gentilshommes de la Province, pour le service du Roi en 1652 & 1706.

Jean de Barbot, frere de Pierre de Goujonville, n'a pas moins pris & reçu que lui, les qualités de *Noble* & d'*Ecuyer*. Cela nous est attesté par une très-grande quantité d'Actes que nous avons produits dans l'Instance. Et ces qualités lui convenoient si fort & étoient tellement l'effet de sa Noblesse, que les Adversaires n'ont pas osé le lui contester. Ils ont été réduits à prétendre que sa Noblesse étoit celle qu'il avoit acquise en exerçant la Jurade à Bordeaux. Cette assertion est une indiscrétion impardonnable de la part de gens qui, résidants en Guyenne, savent à n'en pouvoir douter, que la Jurade à Bordeaux n'anoblit point ; mais il y à mieux : c'est en 1668 que Jean de Barbot a été fait Jurats, cela est attesté par un certificat que les Jurat de Bordeaux ont donné le 26 Février 1760, & que nous rapportons : veut-on pour un moment, que la Jurade annoblisse ? elle n'a certainement pas pu conférer cet avantage à Jean de Barbot avant qu'il eût été nommé Jurat, c'est-à-dire, avant 1668, qui est l'époque de sa nomination : or on voit que long-tems avant ce tems-là, Jean de Barbot à pris les qualités de *Noble* & d'*Ecuyer*, il les a prises ou reçues dans fon contrat de mariage du 29 Juin 1641 , dans celui de Pierre de Goujonville, fon frere, du 5 Janvier 1667 , & dans des Actes de 1641 & 1648 que nous avons déjà produits. Ce n'eft donc point fa Jurade qui l'a anobli ; il avoit fa Nobleffe commune avec Pierre de Goujonville fon frere.

Pierre Barbot , Chanoine , leur autres frere , les a imité dans les qualités de *Noble* & d'*Ecuyer* qu'il a prifes. Les Adverfaires trouvent ridicule qu'un Eccléfiaftique ait eu cette vanité. Ce n'eft point le fentiment qu'y a mis ce Chanoine , que nous cherchons ici ; c'eft fon droit & l'ufage qu'il en a fait : un Eccléfiaftique ne peut tirer fa nobleffe que de fon origine ; & il ne peut avoir que celle de fes freres.

Anne & Marie de Barbot , leurs fœurs , ont été mariées : par-là , elles ont perdu leur état pour prendre celui de leurs maris , dont il feroit inutile de s'occuper.

Il refte une autre fille ; c'eft Louife de Barbot leur fœur : elle fe fit Religieufe au Paravis , Abbaye de Fontevreault. Tout le Monde fçait, qu'on ne reçoit dans cet Ordre , que des Demoifelles de condition. Par le contrat d'entrée en Religion du 14 Novembre 1657 , on voit que Louife de Barbot alloit fe réunir à des perfonnes du plus grand nom , & de Maifons les plus illuftres. Ces filles qu'une naiffance fi relevée ne rendoient pas moins recommandables que leurs vertus, jaloufes des principes de leur fondation , auroient-elles admis parmi elles , Louife de Barbot, fi fa no-bleffe n'eût pas été bien conftatée? Ç'eut été une infraction de la Régle , dont on n'avoit point encore vu d'exemple.

Il réfulte de cette nobleffe fi conftamment & fi folemnellement reconnue dans les freres & foeurs de Denis-Romain Barbot , que la Con-damnation prononcée contre lui le 12'Avril 1667, fi jamais elle a exifté, ne peut & ne doit regarder que lui feul ; qu'il a perdu l'état que fes ayeux lui avoient tranfmis ; que cette perte eft la con-féquence des faits qui lui étoient particuliers ; & que quelque caufe qu'elle ait , elle ne peut étendre fes effets fur les freres & foeurs, fur Pierre de Barbot de Goujonville , dont defcendent les Expofans.

Nous croyons avoir difcuté avec avantage les moyens que M. l'Infpecteur Général du Do-maine a employés contre la nobleffe des Expo-fans. Tous ces moyens portent, comme on l'a vu, uniquement fur la tête de Pierre de Goujonville ; ni fes auteurs , ni fes defcendans en ligne directe, n'ont éprouvé aucun reproche de la part de cet Adverfaire. Préjugé bien favorable , fans doute, contre tous les écarts dans lefquels ont donné les habitans de Mazerac. Outre les objections qu'ils ont partagées avec l'Infpecteur Général du Domaine, contre Pierre Barbot de Goujonville, ils en ont encore fait qui leur sont particulieres & que nous allons examiner

OBJECTIONS

Particulieres des habitans de Mazerac, contre Pierre Barbot de Goujonville.

Ils rapportent quelques actes dans lesquels Pierre de Barbot de Goujonville n'a pas pris la qualité de *Noble.* Ce ne sont que des omissions de qualité ; & comme l'a très-bien observé lui-même l'Inspecteur Général du Domaine ; elles ne sçauroiet tirer à conséquence, ni présenter de moyens contre la noblesse de Pierre de Barbot de Goujonville ; avec d'autant plus de raison, que dans une infinité d'autres circonstances, il a pris & reçu les qualifications qui ne conviennent qu'à un noble, & que jamais il n'a pris de qualités dérogeantes.

Les Adversaires, sans moyens contre la ligne directe, s'efforcent d'en chercher dans la collatérale pour les faire réfléchir contre la premiere : comme si cette maniere de combattre la noblesse étoit admissible. Ils produisent plusieurs actes où des parens collatéraux n'ont pas pris la qualité de *Nobles,* où ils ont même donné la preuve de quelques faits dérogeans de leur part. Tout cela est absolument étranger à la noblesse des Exposans : c'est uniquement dans la ligne directe qu'il

faut puiſer les moyens auxquels ils aient à défendre ; & c'eſt la raiſon pour laquelle ils ſe diſpen-
ſeront de ſuivre les Parties adverſes dans toutes
ces obſervations étrangeres.

OBJECTIONS des habitans de S. Martin de Mazerac, contre les titres qui juſtifient la nobleſſe de Pierre de Barbot de Goujonville.

Le contrat de mariage de Pierre de Barbot de
Goujonville du 8 Janvier 1667, dans lequel on
lui donne le titre de *Meſſire*, & à ſes freres, ceux
de *Nobles* & de *Meſſires*, n'eſt qu'une dériſion,
ſuivant les Adverſaires, un collationné qui ne
mérite aucun égard ; & l'on invoque tous les Réglemens à ce ſujet : c'eſt une expédition faite
après coup ; les ſieurs de Barbot ne ſe la ſont
procurée que pour le beſoin de leur cauſe en
1759 : *il eſt révoltant qu'ils aient l'audace de ſe prétendre nobles ſur le fondement d'une pareille piéce.*

Les Adverſaires emploient au moins ſix pages
de leurs écritures à ſe déchaîner ainſi contre cette
piéce collationnée ; & l'on voit au vif intérêt
qu'ils y mettent, qu'ils attachent à cette heureuſe circonſtance, leur principale reſſource.
Quelle en eſt la raiſon ? C'eſt qu'ils ont imaginé
que les Expoſans n'ayant pas la groſſe originale
de ce contrat, puiſqu'ils ne la repréſentoient
point, ſeroient perpétuellement hors d'état de
défendre au reproche qu'on leur faiſoit de ne pas
la produire, & aux conſéquences qu'on en faiſoit reſulter. Mais on va donner aux Adverſaires
toute la ſatisfaction qu'ils peuvent déſirer à cet
égard. Nous rapportons cette groſſe originale
qu'ils

qu’ils feignent d’ambitionner,& que plus fincére-
ment ils redoutent.Nous ne la produirons que par
copie fignée du Défenfeur des Expofans,parce que
le mauvais état dans lequel l’a réduite fon ancien-
neté , ne permet pas qu’on la confonde avec les
autres piéces de l’Inftance : nous aurons foin de
la mettre fous les yeux de M. le Rapporteur ;
on la communiquera même de la main à la
main , à l’Avocat des Adverfaires , s’il le juge
à propos. Nous obferverons que dans ce contrat ,
Pierre de Barbot de Goujonville , en vertu du
droit que lui donnoit fa nobleffe , ne fe foumet
pour l’exécution de l’acte, qu’à la Jurifdiction du
Sénéchal de Guyenne , ou de tous autres Juges
reffortiffans nuement au Parlement : n’étoit-
ce pas bien folemnellement confirmer l’idée qu’il
vouloit donner , & qu’il avoit lui-même , de fon
état de noble ?

Si l’on ne fe tenoit en garde contre les clameurs infidieufes des Adverfaires, on pourroit fe
perfuader que les Expofans n’ont fondé leur généalogie que fur de fimples expéditions collationnées. Tous les contrats de mariage , au contraire , (celui de Jean de Barbot de Fonbonne
excepté) fur lefquels ils établiffent leur defcendance directe de Jofeph de Barbot leur premier auteur connu , font des groffes originales ,
expédiées par les mêmes Notaires qui en avoient
retenu les minutes: circonftance bien effentielle
à remarquer.

Y

On prétend que les lettres qui furent écrites à Pierre de Barbot de Goujonville, lors de la convocation générale de la Noblesse de Guyenne, ne le regardent point, & qu'elles ont été adressées à d'autres sous le même nom. On ne rapporte aucune preuve de cette allégation ; il suffit, d'ailleurs, de combiner les dates pour s'assurer qu'elles ne pouvoient regarder que Pierre de Barbot de Goujonville. D'un autre côté, les Adversaires ne nous disent point qu'il y ait eu d'autres Maisons nobles en Guyenne, sous le nom de Barbot, ni que ces Lettres dussent leur être relatives.

Tous les autres titres que nous rapportons, & qui ont été produits comme une conséquence nécessaire de la noblesse de Pierre de Barbot de Goujonville, n'ont été regardés par nos Adversaires, que comme un effet du besoin qu'ils prétendent qu'ont les Exposans de puiser dans la ligne collatérale, des ressources que leur refuse la ligne directe : comme si nous n'avions pas établi la noblesse de chacune des générations dont cette ligne directe est composée, par des titres en forme & inattaquables. *

Nous ne croyons pas qu'il reste rien à desirer sur la preuve la plus constante de la noblesse de Pierre de Barbot de Goujonville.

* Ce n'est pas la premiere fois que ces titres ont vu le jour : ils ont été produits en 1708, dans une Instance engagée au Parlement de Bordeaux, dans laquelle François de Barbot inquiété sur sa noblesse, la justifia par la représentation de ces mêmes titres ; l'Arrêt de cette Cour, en les visant, a mis le sceau à la vérité qu'ils renfermoient. Ils ont été représentés deux fois à la Cour des Aydes, & discutés deux fois avec scrupule, par le Procureur Général de cette Cour : Les sieurs de Barbot les produisent aujourd'hui pour la quatriéme fois : ils le font avec plaisir : c'est assurer à leur noblesse un nouvel éclat.

OBJECTIONS

Contre Jean de Barbot de Fonbonne , troifieme du nom. Cinquieme Génération.

On fe rappelle que M. l'Infpecteur Général du Domaine n'a rien trouvé à redire contre la nobleffe de Jean de Barbot de Fonbonne , troifieme du nom. Les habitans de Mazerac ne lui reprochent qu'une omiffion de la qualité de *Noble* dans quelques actes , fans ofer dire qu'il ait jamais pris aucune qualification tendante à dérogeance. Une omiffion de qualité , nous le répétons , n'eft ni une indication pofitive de roture , ni une circonftance réfolutive de la nobleffe qui eft déjà acquife & manifeftée par une infinité d'autres endroits. Ce même Jean de Barbot de Fonbonne , a pris la qualité d'*Ecuyer*, par fon contrat de mariage , & s'y eft dit fils de Pierre de Barbot de Goujonville , auffi *Ecuyer.* De ce qu'il a été qualifié de *Bourgeois,* il ne réfulte point de dérogeance de fa part; c'eft ce qu'attefte de la Roque : Traité de la Nobleffe , chap. 84. Les meilleures Maifons ne dédaignent pas de prendre ce titre. Les Gentilshommes les plus anciens s'en font expédier des brevets, qu'on appelle *Lettres de Bourgeoifie :* elles leurs donnnent le droit , au moins en Guyenne , de participer à certains priviléges Bourgeois , dont ils ne jouiroient pas fans ces Lettres.

Y ij

OBJECTIONS

Contre Pierre de Barbot de Pleinefelve, ancien Officier d'Infanterie, & Jean-Baptiste de Barbot de Larcis, ancien Garde du Corps, fils l'un & l'autre de Jean de Fonbonne, & Parties au Procès : sixieme Génération.

Les habitans de Mazerac n'objectent rien contre le sieur de Barbot de Larcis : il a pris la qualité de *Noble* & d'*Ecuyer* par son contrat de mariage : il l'a prise à chaque occasion qui s'en est offerte, & notamment dans une transaction passée entre lui & le sieur Colondre, le 27 Décembre 1759, & dans un contrat de vente consentie en sa faveur, le 23 Janvier 1764, par la Demoiselle des Essarts.

On oppose à Pierre de Barbot de Pleinefelve son frere, trois actes, dans deux desquels il n'a eu que la qualité d'ancien Officier d'Infanterie ; & dans le troisieme, celle de Pierre de Barbot, Sieur de Pleinefelve : enfin on nous parle d'un Arrêt du Parlement de Bordeaux du 23 Février 1759, où il a été qualifié de Bourgeois de Coutras : on conclut de là, que si le sieur de Barbot de Pleinefelve a paru dans ces trois actes & dans cet Arrêt, sans y prendre la qualité de *Noble*, c'est qu'il ne l'avoit pas, qu'elle ne lui étoit pas due, & qu'il n'avoit jamais osé s'en prévaloir.

REPONSE. Il est vrai que dans les trois actes dont on

vient de parler, le ſieur de Barbot de Pleine-ſelve n'a pas expreſſément pris la qualité de *No-ble* ; il s'eſt contenté de celles de *ſieur de Pleine-ſelve*, & d'*ancien Officier d'Infanterie*, honnorables l'une & l'autre ; ſon ambition ne lui ſuggera pas dans ce moment de prendre d'autres titres.

A l'égard de l'Arrêt, la rédaction du diſpoſitif, & des qualités que les Parties y ont priſes, eſt l'ou-vrage des Procureurs de ces mêmes Parties, qui étoient alors abſentes, & qui s'étant arrangées, avoient donné pouvoir à leurs Défenſeurs de paſſer un Arrêt d'expédient ; cela eſt juſtifié par la tranſaction paſſée entr'elles & que nous avons rapportées.

De quelque maniere qu'on enviſage ces trois actes, & cet Arrêt ; on ne peut jamais y décou-vrir qu'une omiſſion de qualité qui n'a point d'effet ; de laquelle les Adverſaires peuvent d'au-tant moins conclure, que le ſieur de Barbot de Pleineſelve n'eſt pas Noble, & qu'il n'a jamais oſé en prendre la qualité, que cette aſſertion eſt démentie par une foule d'actes que nous avons rapportés, dans leſquels il a conſtamment pris & reçu indifféremment les qualités de *Noble* & d'*Ecuyer*, ſoit avant, ſoit depuis la conteſtation actuelle. C'eſt ainſi qu'il a été qualifié dans un contrat d'échange par lui fait le 8 Janvier 1748, avec Jean Cabirot : Dans un acte de vente con-ſentie à ſon profit, le 2 Août 1749 : Dans un échange paſſé entre lui & le nommé Gaude, le

2 Août 1754 : Dans une quittance qui lui a été donnée le 29 Octobre de la même année, par le Receveur des Domaines du Roi : Dans une Requête qu'il a présentée le 3 Décembre suivant, à M. l'Intendant de Bordeaux : Dans un échange passé entre lui & Jean Goujon, le 26 Juillet 1755 : Dans une vente consentie en sa faveur le 20 Juin 1757, par le sieur Cazy Majou : Dans une Sentence arbitrale rendue entre lui & le sieur Chambaut, le 24 Août 1758 : Dans une Sentence rendue à son profit, le 19 Juillet 1760, à la Maîtrise particuliere des Eaux & Forêts de Bordeaux : Dans une sommation qu'il a fait faire, le 30 Août 1760, pour le soulagement de ses Metayers aux habitans de la Paroisse de Montaigue : Dans une autre sommation par lui faite le 28 Février 1761 au Procureur fiscal, à l'effet de faire pourvoir un mineur, d'un curateur : Dans une vente par lui consentie le 30 Juin suivant, au profit du sieur Lemoine Président à Libourne : Dans une Déclaration de dépens où il lui a été adjugé en qualité de Gentilhomme, six livres pour chaque jour de voyage, & cinq livres pour chaque jour de résidence : Dans un Procès-verbal d'Enquête, qu'il a fait faire le 2 Mars de la même année, devant le Lieutenant-Général de Libourne : Dans une Ordonnance qui lui avoit été accordée par le même Lieutenant Général, le 7 Février précédent, portant permission de faire assigner : Dans une Sentence par défaut rendue dans le même

Siége le 9 Mars 1761 ; dans différentes pieces de procédures inftruites devant le même Juge de Libourne : Enfin dans une lettre qui lui a été écrite le 15 Juin 1771 par M. l'Intendant de Bordeaux.

Si le fieur de Barbot de Pleinefelve, ne rapporte pas un plus grand nombre d'actes, où il a également pris les qualités de *Noble* & d'*Ecuyer*, ce n'eft pas qu'il ne le puiffe ; mais comme il ne pourroit s'en procurer des expéditions qu'à très-grand frais, il a cru devoir s'en difpenfer, & fe renfermer dans les pieces dont il étoit faifi & que nous venons de détailler.

Jufqu'à préfent les Expofans n'ont défendu leur Nobleffe dans ce Mémoire, que par des preuves propres à chaque génération, & par des circonftances qui leur font relatives & particulieres ; ils vont l'appuyer ici d'une preuve qui eft commune à toutes ces générations, & qui doit faire la plus grande impreffion dans les efprits. Tous les Barbot depuis Jofeph, fouche primitive, jufqu'aux Expofans, ce qui comprend fept générations, ont poffédé des Fiefs, & même des Terres titrées, & en ont porté les noms ; jamais aucun droit de franc - fief ne leur en a été demandé ; ils n'en ont jamais payé d'aucune efpèce : Quelle plus forte preuve de leur Nobleffe ! Les Prépofés du Domaine peuvent bien quel-

que fois oublier dans leurs recherches un poſſeſſeur de Fief ; il ſe ſera caché, ou à la faveur de
quelque ſurpriſe, il ſe ſera ſouſtrait à la claſſe
des Roturiers inquiétés ; mais ſept générations
conſécutives auront-elles eu le même avantage ?
La raiſon ne permet pas qu'on le préſume : il
faudroit cependant aller juſque-là, pour pouvoir
penſer qu'une exemption auſſi longue & auſſi
ſuivie du droit de franc fief, dont le paiement
eſt une marque infaillible de roture, ne forme
pas une preuve inconteſtable de Nobleſſe. Les
Adverſaires n'ont pas oſé répondre à ce moyen
triomphant ; circonſtance qui lui communique
une nouvelle force. C'eſt auſſi en vertu de cette
Nobleſſe ſi bien conſtatée & ſi bien connue, que
pour le paiement du dixieme, les Expoſans ne
ſont inſcrits & ne l'ont jamais été, que ſur le rôle
des nobles de la Province ; c'eſt ce qui ſe trouve
juſtifié par le certificat qu'ils en rapportent.

RÉCAPITULATION.

Les Expoſans peuvent donc ſe flatter d'avoir
prouvé d'une maniere indubitable l'exiſtence de
leur Nobleſſe : ils l'ont établie par les circonſtance de ſon principe & de ſa ſource, & par
celles de ſa tranſmiſſion : ſa ſource eſt pure ;
le premier homme connu dans la ligne directe
des Barbot, celui qui dans ce moment forme
la ſouche primitive de cette famille, étoit, il y
a plus

a plus de 260 ans, un Gentilhomme qualifié tel, évidemment defcendu lui-même d'une no‹ bleffe encore plus ancienne, & dont l'origine fe perd dans la nuit des tems : il réuniffoit dans fa perfonne, deux caracteres que les Ordonnances défirent le plus dans les Nobles, l'Etat Militaire, & la poffeffion des Fiefs. Il réfulte de-là qu'on ne peut oppofer aux Expofans, aucune forte d'origine roturiere ; que conféquemment leur poffeffion leur tient lieu de titres, indépendamment de tous ceux qu'ils réuniffent.

Cette poffeffion s'eft tranfmife jufqu'à eux, par toutes les générations qui ont formé leur Généalogie ; chacune des perfonnes dont elle eft compofé, fur-tout dans la ligne directe dont il doit feulement être queftion ici, a toujours confervé la qualité de Noble avec une conduite auffi pure qu'elle. Les Adverfaires n'ont pas ofé contefter la filiation des Expofans ou leur defcendance en ligne directe de la fouche primitive ; ils n'ont pas ofé dénier qu'à chaque génération, les ayeux des Expofans n'aient tous pris dans leur contrat de mariage, comme ils l'ont fait dans une multitude d'autres actes, les qualités de *Mesfires*, de *Barons*, de *Nobles* & d'*Ecuyers* : on doit conclure de-là que la nobleffe des Expofans, eft une nobleffe ancienne de race & d'extraction.

Tout le monde fçait qu'autrefois deux gé-

Z

nérations fuffifoient pour acquérir la Nobleffe de race ; les Expofans réuniffent fept générations fucceffives & immédiates. Aujourd'hui la poffeffion de cent ans, eft néceffaire pour former cette nobleffe d'extraction : la poffeffion des Expofans eft de plus de 260 ans; elle fe reporte à 1510 qui eft la premiere époque connue ; mais elle en indique une infiniment plus reculée encore.

GRANDE DIRECTION.

Monfieur **DE LA PORTE DE MESLAY,**
Maître des Requêtes, Rapporteur.

Me. BELLOUMEAU, Avocat.

De l'Imprimerie de la Veuve D'HOURY, Impr.Lib de Mgr. le Duc D'ORLEANS & de Mgr le Duc DE CHARTRES, rue S. Severin , 1773.